Eich + Eich

Spezial

Architektenvertragshandbuch Gebäudeplanung

2. Auflage

Werner Verlag 2010

1. Auflage 2006
2. Auflage 2010

Bibliografische Information Der Deutschen Bibliothek
Die Deutsche Bibliothek verzeichnet diese Publikation in der Deutschen
Nationalbibliografie; detaillierte bibliografische Daten sind im Internet
über **http://dnb.ddb.de** abrufbar.

ISBN 978-3-8041-8831-0

www.werner-verlag.de
www.wolterskluwer.de

© 2010 Wolters Kluwer Deutschland GmbH, Köln.
Werner Verlag – eine Marke von Wolters Kluwer Deutschland.
Alle Rechte vorbehalten.

Umschlagsentwurf: GrafikDesign Hans-Dieter Eich, Bad Breisig
Satz: MainTypo, Frankfurt am Main
Druck: Wilhelm & Adam OHG, Heusenstamm

Vorwort

Vorwort

Rainer Eich ist öffentlich bestellter und vereidigter Sachverständiger für Architektenhonorare und seit fast 30 Jahren bei mittlerweile 140 verschiedenen Gerichten bundesweit tätig.

Anke Eich ist Rechtsanwältin und Sachverständige für Architekten- und Ingenieurhonorare und hat ihren Arbeitsschwerpunkt auf die Honorarproblematik bei Architekten und Ingenieuren fokussiert.

In vorgerichtlichen Beratungsgesprächen und in Honorarprozessen stellen sie immer wieder fest, dass oft
* beide Parteien ihren Prozess nicht gut genug vorbereitet haben, um diesen möglichst ohne Reibungsverluste führen zu können und
* Architekt und Bauherr nicht selten Begriffe ins Feld führen, deren Inhalt und rechtliche Bedeutung sie schlichtweg verkennen.

Warum werden so oft Ansichten aus Kommentaren und Urteilen kritiklos übernommen und nicht hinterfragt, ob diese auf den anstehenden individuellen Fall anwendbar sind?

Zum einen, weil es der einfachere Weg ist, und zum anderen, weil es die Anderen auch so handhaben.

Hier wollen die Autoren ansetzen, die dringend notwendige Vorarbeit für ein generelles Umdenken im Architektenvertragsrecht einbringen und versuchen, die durch meist nicht sinnvolle Vertragsmuster entstehenden Ungereimtheiten, die in Honorarprozessen zu Verwirrungen führen, erkennbar zu machen, damit diesen sinnvoll und wirksam begegnet werden kann.

Es soll hiermit ein praxisbezogener Architektenvertrag vorgestellt werden, der mit den Vorstellungen aufräumt, man könne die Pflichten des Architekten an den in der HOAI aufgezählten Leistungen festmachen und daran anknüpfend feststellen, ob das Werk des Architekten mangelfrei ist. Anstelle dieses aus Sicht der Autoren falschen Wegs ist es notwendig, das vom Architekten zu planende Gebäude und dessen zu erzielende Beschaffenheit zu beschreiben. Nur daran kann abgeglichen werden, ob der Architekt das Werk geschaffen hat, das der Bauherr wollte.

In der Reihenfolge der einzelnen Paragraphen des Vertragsmusters werden die Autoren erläutern, was gegenüber der tradierten Vertragsgestaltung geändert werden muss, damit das Vertragsverhältnis zwischen Bauherr und Planer auch im Streitfall und unter Berücksichtigung der beiden inhaltlich meist verkürzt wiedergegebenen Urteile des Bundesgerichtshofs vom 24.06.2004 und 11.11.2004 sinn- und schonungsvoller, auf jeden Fall aber gerechter als bisher, abgewickelt werden kann.

Aufgrund der am 18.08.2009 in Kraft getretenen HOAI 2009 ist es an der Zeit, die erste Auflage dieses Handbuchs vom März 2006 zu aktualisieren und die seit dieser Zeit zusätzlich gewonnenen Erkenntnisse in diese 2. Auflage einzubringen.

Berlin, im Dezember 2009

Rainer Eich   **Anke Eich**
Diplom-Ingenieur, Freier Architekt   Magistra Artium
Öffentlich bestellter und vereidigter   Rechtsanwältin
Sachverständiger für Architektenleistungen   Sachverständige für Architekten- und Ingenieurhonorare

Einführung

Einführung

Der Abschluss eines Vertrags geschieht niemals im luftleeren Raum, sondern ist immer in einen rechtlichen Kontext eingebettet, welcher maßgebliche Auswirkungen auf die gegenseitigen Verpflichtungen der Vertragsparteien hat. Bevor auf den im Rahmen dieses Handbuchs vorgestellten werkvertragsgerechten Architektenvertrag genauer eingegangen wird, soll daher in gebotener Kürze und auch für Nichtjuristen verständlich auf die für den Architekten-/Ingenieurvertrag wesentlichen Grundzüge des Vertragsrechts eingegangen werden.

2.

Rechtliche Einordnung des Architektenvertrags

Das Bürgerliche Gesetzbuch (BGB) regelt im sogenannten besonderen Schuldrecht verschiedene standardisierte Vertragstypen, so beispielsweise den allseits geläufigen Kaufvertrag. Demgegenüber haben andere, ebenfalls gängige Vertragstypen keine standardisierte Regelung im Rahmen des BGB erfahren, so auch der Architektenvertrag. Dementsprechend wurde lange Zeit diskutiert, welche Rechtsnatur der Architektenvertrag aufweist, wobei eine Zuordnung zum Werk- oder Dienstvertragsrecht in Betracht gezogen wurde.

Im Rahmen des in §§ 611 ff. BGB geregelten Dienstvertrags schuldet der zur Dienstleistung Verpflichtete ein Tätigwerden, welches in der Form von unabhängig erbrachten Dienstleistungen oder abhängig erbrachten Arbeitsleistungen geleistet werden kann. Er verpflichtet sich, für die Dauer eines vereinbarten Zeitraums seine Arbeitskraft gegen ein bestimmtes Entgelt zur Verfügung zu stellen und bestimmte Tätigkeiten zu verrichten. Diese Tätigkeit stellt die geschuldete Leistung dar, auf das Arbeitsergebnis kommt es in diesem Sinne nicht an. Für das Ergebnis seiner Leistung muss der zur Dienstleistung Verpflichtete letztlich nicht einstehen, was ihn allerdings nicht davon entbindet, bei seiner Tätigkeit Sorgfalt walten zu lassen.

Demgegenüber ist das zentrale Charakteristikum des in §§ 631 ff. BGB geregelten Werkvertrags die gegenüber dem Besteller eingegangene Verpflichtung des Unternehmers, ein versprochenes Werk zu erstellen. Hier schuldet der Unternehmer ein Arbeitsergebnis. Das von ihm geschuldete Werk ist das Ergebnis einer Leistung und dies unabhängig davon, welche Einzelleistungen hierzu erforderlich sind. Da es entscheidend nur auf den vertraglich geschuldeten Erfolg ankommt, enthält das BGB für den Werkvertrag auch keinerlei Regelungen, auf welchem Weg der Unternehmer dieses Ziel erreichen soll. Generell ist unwesentlich, welche und wie viele Arbeitsschritte zum Erfolg führen und wie sie ausgeführt wurden. Ist das geschuldete Werk im Ergebnis mangelfrei, ist der Vertrag von Seiten des Unternehmers erfüllt. Die Gegenleistung, der Werklohn, wird damit durch Herbeiführen des werkvertraglich geschuldeten Erfolgs verdient und nicht durch Abarbeiten einzelner Arbeitsschritte.

Architektenleistungen weisen eine Vielfalt und Verschiedenartigkeit auf, da sie einerseits erfolgsorientiert, andererseits auch teilweise dienstleistungsorientiert, beispielsweise beratend oder betreuend, ausgerichtet sein können. Dies führte dazu, dass die rechtliche Einordnung des Architektenvertrags als Werk- oder Dienstvertrag lange Zeit nicht ausdiskutiert war. Zu früheren Zeiten hat die oberste Rechtsprechung einen Architektenvertrag, der ausschließlich die Planung betraf, als Werkvertrag gewertet, jedoch bei einem Vertrag, der neben der Planung auch die Überwachung der Objektausführung zum Gegenstand hatte, den Schwerpunkt der vom Architekten zu erbringenden Leistung bei der Bauleitung gesehen und einen Dienstvertrag angenommen.

Inzwischen hat aber der Bundesgerichtshof sich eindeutig für die generelle Einordnung des Architektenvertrags in das Werkvertragsrecht entschieden.

Die Sonderstellung des Architektenvertrags im Werkvertragsrecht

Im Werkvertrag verpflichtet sich der Unternehmer zur Herstellung des versprochenen Werks, der Besteller zur Entrichtung der vereinbarten Vergütung. Der Werkvertrag ist damit erfolgs-, nicht tätigkeitsorientiert. Vertragsgegenstand im Werkvertrag ist somit nicht die Erledigung gewisser Tätigkeiten sondern das Werk, das der Besteller im Rahmen der Erfüllung dieses Vertrags erwartet.

Im Werkvertrag ist das Werk, das der Auftraggeber bestellt, normalerweise identisch mit dem Werk, das der Unternehmer herstellt (siehe Abb. 1). Im Architektenvertrag ist dies nicht so. Das Werk, das der Auftraggeber bestellt, ist das Bauwerk. Dieses aber stellt der Architekt selbst nicht her. Das Bauwerk ist vielmehr ein Konglomerat aus verschiedenen erfüllten Werkverträgen zwischen dem Bauherrn und dem

- Architekten,
- Tragwerksplaner,
- Ingenieur für die Technische Ausrüstung,
- Maurer,
- Zimmermann,
- Dachdecker,
- Maler,
- Bodenleger,
- etc.

Abb. 1
§ 631 (1) BGB
Das gegenseitige
Leistungsversprechen

L = Leistungsversprechen
W = das Werk,
  der geschuldete Erfolg
V = Vergütungsversprechen
H = Honorar

Das Werk des Architekten ist ein geistiges Werk, das durch Zeichnungen, Beschreibungen, Berechnungen und Kostenaufstellungen visualisiert wird, damit hieraus der Auftraggeber und die Handwerksfirmen erkennen können, was letztendlich entstehen soll. Das Architektenwerk ist nicht Selbstzweck, sondern lediglich das Medium zur Realisierung des Bauwerks (siehe Abb. 2). Das Bauwerk aber, das im Rahmen des Vertragsverhältnisses vom Bauherrn erwartete Werk, ist die im größeren Maßstab materialisierte Kopie des Architektenwerks, seine reale Umsetzung.

Abb. 2
§ 631 (1) BGB
Das gegenseitige
Leistungsversprechen
im Architektenvertrag

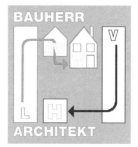

Üblicherweise wird vom Besteller das körperliche Werk als Vertragsgegenstand derart eindeutig vorgegeben, dass daran später der Erfolg des Unternehmers gemessen werden kann. So beschreibt beispielsweise der Auftraggeber, der die Maßanfertigung einer Leiter beauftragt, im Vertrag mit dem Schreiner:[1]
- Vertragsgegenstand: Leiter,
- Material: astfreies Buchenholz,
- Länge: 6 m,
- Sprossen: 32 Rundsprossen,
- Abstand der Holme oben: 45 cm,
- Abstand der Holme unten: 65 cm,
- Sonstiges: an den unteren Enden zwei Edelstahlschuhe mit 8 cm langen und 1,5 cm dicken Dornen, die passgenau in die vom Auftraggeber übergebenen Köcher passen müssen.

L = Leistungsversprechen
AW = das Architektenwerk
W = das geschuldete Werk (Bauwerk)
V = Vergütungsanspruch
H = Honorar

---

1 Dieses Beispiel soll verdeutlichen, wie viel Wert auf Genauigkeit in der Beschreibung des Vertragsgegenstands oftmals bei vermeintlich überschaubaren Werkverträgen gelegt wird. Es ist jedoch darauf hinzuweisen, dass im Falle der beim Schreiner beauftragten Leiter aufgrund von § 651 BGB unter Umständen auch Regelungen aus dem Umfeld des Kaufvertrags Anwendung finden können.

Die Beschaffenheit des Werkes und damit der geschuldete Erfolg ist somit eindeutig beschrieben. Fällt die Leiter nicht exakt so aus, hat der Unternehmer sein Werk nicht mangelfrei erbracht und ohne Nachbesserung keinen Anspruch auf die vereinbarte Vergütung.

Die Überprüfung des fertigen Werkes auf seine Mangelfreiheit hin hängt damit wesentlich von der vorher zwischen den Vertragsparteien abgestimmten und vereinbarten (Soll-)Beschaffenheit des Werkes ab. Diese individuell vereinbarte Beschaffenheit hat nach § 633 Abs. 2 S. 1 BGB, welcher die maßgeblichen Regelungen über Sach- und Rechtsmängel des Werks beinhaltet, absoluten Vorrang. Hätten die Parteien eine solche Beschaffenheitsvereinbarung nicht getroffen, so hätte der Unternehmer jederzeit auch eine Leiter aus Aluminium fertigen können, sofern der Besteller auch diese Leiter für seine Zwecke nutzen kann. Legt der Besteller also Wert auf das Material Buchenholz, tut er gut daran, dieses ausdrücklich zu vereinbaren.

So sieht die gängige Praxis bei Architektenverträgen aber leider nicht aus.

Die Beschaffenheitskriterien des Architektenwerks

Eine ausdrückliche Vereinbarung der Beschaffenheit wird in den meisten gängigen Architektenvertragsmustern im Regelfall nicht definiert. Die typische Beschreibung einer Planungsaufgabe in einem Architektenvertrag sieht in der Regel etwa folgendermaßen aus:

Vertragsgegenstand:
Neubau eines Verwaltungsgebäudes, Leistungsphasen 1 – 9 des § 33 HOAI

Diese Vorgehensweise verkennt das Wesentliche. Der Werkvertrag ist erfolgsorientiert und der Auftraggeber darf am Ende das von ihm gewollte Werk, das Bauwerk, erwarten. Doch welches Werk erwartet wird, erschließt sich nicht, wenn der Bauherr dieses nicht im Rahmen des Architektenvertrags als Vertragsgegenstand exakt beschreibt und zu erreichen vorgibt. Nur wenn die Vertragsparteien die Beschaffenheit des Werks, das der Auftraggeber erwartet, bei Auftragsgestaltung exakt vorgeben, können sie anhand dieser eindeutig festgelegten Kriterien später die Abnahmefähigkeit des Architektenwerks abgleichen. Dies dient der Rechtsklarheit für beide Seiten.

Zur Beschreibung der Beschaffenheit ist der Bezug auf die einzelnen Leistungsphasen der HOAI der absolut falsche Weg. Dies, da die HOAI als Preisrecht grundsätzlich nur regeln kann, welche Tätigkeiten des Architekten, wenn sie denn erbracht werden müssen, von einem gewissen (Grund-)Honorar abgedeckt sind. Die Anlage 11 zum § 33 HOAI ist kein Erfüllungsverpflichtungskatalog im Sinne des Vertragsrechts, sondern lediglich eine Abgleichsliste aus dem Preisrecht, anhand derer der Verordnungsgeber bestimmt hat, was vom (Grund-)Honorar abgegolten und wofür unter gewissen Umständen ein zusätzliches Honorar zu gewähren ist.

Die in § 33 HOAI 2009 aufgeführten sogenannten Leistungsphasen und die in Anlage 11 zu § 33 HOAI aufgezählten sogenannten Leistungen[2] sind nicht mit dem Ergebnis der Arbeit des Architekten gleichzusetzen, sondern stellen letztlich nur einzelne Arbeitsschritte, Tätigkeiten und Handlungen des Architekten auf dem Weg hin zu dem zu erreichenden Arbeitsergebnis, dem werkvertraglich geschuldeten Erfolg dar.

Durch bloßes Aufzählen dieser Arbeitsschritte im Rahmen des Architektenvertrags kann das vom Auftraggeber erwartete Arbeitsergebnis, der vom Auftragnehmer geschuldete Werkerfolg, in keiner Weise beschrieben und festgelegt werden.

2   Dies sind die früheren sogenannten Grundleistungen des § 15 HOAI 1996.

Es dient dem Auftraggeber überhaupt nicht, dem Architekten ausdrücklich das Abarbeiten gewisser aufgezählter Tätigkeiten abzuverlangen, zum Beispiel die
- **Grundlagen zu analysieren**, wenn er nicht weiß, in welche Richtung diese tauglich sein sollen,
- **Randbedingungen und Zielkonflikte abzustimmen**, wenn er nicht weiß, welches Ziel es zu erreichen gilt,
- **Planungskonzepte zu erarbeiten**, wenn ihm die Vorstellungen seines Auftraggebers und seine Wünsche an das Gebäude unbekannt sind,
- **Entwurfsunterlagen zusammenzufassen**, wenn die Entwurfsaussage des Architekten am eigentlichen Ziel vorbeigeschossen ist.

In diesem Sinne hat der BGH im Jahr 1996 entschieden, dass die HOAI keine normativen Leitbilder für den Inhalt von Architekten- und Ingenieurverträgen enthält und deren Leistungsbilder lediglich Gebührentatbestände für die Berechnung des Honorars der Höhe nach sind. Er hat ausdrücklich klargestellt, dass sich allein aus dem geschlossenen Vertrag ergibt, was der Architekt oder Ingenieur seinem Bauherrn vertraglich schuldet.[3] Wird im Rahmen des Vertrags keine gesonderte Vereinbarung diesbezüglich getroffen, so schuldet der Planer diejenigen Leistungen, die erforderlich sind, um seinen Vertrag zu erfüllen und bekommt hierfür die Vergütung, die die HOAI für die vollständige Erfüllung des Vertrags vorsieht. Hieran ändert aus Sicht der Autoren auch die spätere Rechtsprechung des BGH aus dem Jahr 2004[4] nichts, die nach wie vor von dem Grundsatz ausgeht, dass sich die Pflichten des Architekten allein aus den vertraglichen Vereinbarungen zwischen den Parteien ergeben. Umso wichtiger ist es, bei der Formulierung des Vertrags große Sorgfalt walten zu lassen.

Der Architektenvertrag ist in seiner Grundausrichtung auf die Konkretisierung eines Gebäudes fokussiert. Somit muss das Gebäude als Vertragsgegenstand im Vertrag eindeutig beschrieben werden und nicht der Arbeitsweg dorthin und die auf diesem Weg eventuell zu erledigenden Einzeltätigkeiten.

Sinnvollerweise erfolgt dies beispielsweise anhand von Vorgaben des Auftraggebers in Bezug auf
- das **Raumprogramm** mit allen benötigten Haupt- und Nebennutzflächen mit m²-Angaben,
- das **Funktionsprogramm** mit Beschreibung der in den Räumen erforderlichen ständigen oder variablen Nutzungsmöglichkeiten,
- den **Finanzierungsrahmen** mit grober Abgrenzung der Kosten des Bauwerks,
- die Liste der bevorzugten **Materialien**,
- den **Zeitplan** als Erwartungsvorstellung des Ablaufs und der Erfüllung der Gesamtaufgabe,

welche im Einzelfall durch weitere Parameter zu ergänzen sind.

Bei einem vollen Architektenauftrag, nach dessen Erfüllung der Auftraggeber das fertige Gebäude betreten kann, kann am Gebäude selbst sehr exakt und rechtlich sicher abgeglichen werden, ob der Architekt sein werkvertraglich geschuldetes Ziel erreicht und somit seinen Vertrag erfüllt hat.

Bei Architektenteilaufträgen, beispielsweise einem Planungsauftrag ohne Bauleitungsbeauftragung, steht normalerweise das fertige Gebäude zum Abgleich noch nicht zur Verfügung. Aber auch hier muss das vom Auftraggeber ins Auge gefasste Gesamtziel, das Gebäude, auch wenn dieses in dem entsprechenden Teilauftrag nicht geschuldet ist, ähnlich genau wie bei einem Vollauftrag definiert sein. Andernfalls kann die Zielrichtung dieses Teilauftrags und somit das zu erreichende Etappenziel nicht festgemacht werden.

---

3 BGH, Urteil vom 24.10.1996 – VII ZR 283/95, BauR 1997, 154.
4 BGH, Urteil vom 24.06.2004 – VII ZR 259/02, BauR 2004, 1640. Vgl. auch BGH, Urteil vom 11.11.2004 – VII ZR 128/03.

Das Ziel eines Architektenteilauftrags, der durch den Teilauftrag geschuldete Werkerfolg, muss nun eigenständig festgelegt sein. Diese Festlegung ist in dem hier vorgelegten Architektenvertragsmuster vorgesehen.

Die im Folgenden vorgestellten werkvertragsgerechten **Architektenvertragsmuster für Gebäudeplanung** vermeiden die herkömmlichen Klippen der alten Musterverträge und stellen klar, woran die Beschaffenheit des Architektenwerks erkannt und damit dessen Mangelfreiheit festgemacht werden kann.

2.

Diese Architektenvertragsmuster sind für beide Vertragsseiten, Auftraggeber wie Auftragnehmer, erklärungsbedürftig, da sie fundamental von den meisten gängigen Vertragsmustern abweichen. Sie folgen nicht dem aus Sicht der Autoren grundfalschen Ansatz, die Aufzählung der sogenannten (Grund-)Leistungen aus der HOAI (vgl. § 15 HOAI 1996 oder Anlage 11 zu den §§ 33 und 38 Abs. 2 HOAI 2009) stelle einen Leistungserbringungsverpflichtungskatalog für den Architekten dar und diese sogenannten Leistungen seien somit werkvertragsrechtlich geschuldet. Geschuldet ist das Werk, das der Bauherr beschreibt und in Auftrag gibt. Zu erreichen ist somit ein ganz bestimmter Erfolg, nicht Arbeitsschritte, die lediglich den Weg zum Erfolg darstellen. Die setzen vielmehr dort an, wo es gilt das geschuldete Werk selbst und dessen Beschaffenheit zu beschreiben. Dies macht die Vertragsgestaltung zwar etwas aufwendiger, jedoch ist dieser Mehraufwand wegen der dadurch erreichbaren weit höheren Rechtssicherheit zweifelsfrei vertretbar.

Vertragsmuster

Architektenvertrag
für Leistungen bei Planung und Ausführung von Gebäuden

1   Vertragspartner

Auftraggeber (AG):   Auftragnehmer (AN):

3.

2   Vertragsgegenstand

2.1   Beauftragung der Planungsleistungen für folgendes Gebäude

Bauvorhaben: ....
Stadt/Gemeinde: ....
Straße:...

2.2   Beauftragte Planungsleistungen

☐ Neubau   ☐ Wiederaufbau   ☐ Instandsetzung
☐ Umbau   ☐ Modernisierung   ☐ Instandhaltung

3   Vertragsziel

3.1   Zustandsbeschreibung des Baubestands (Bauen im Bestand)

....
....
....
....Siehe Anlage 3.1.

3.2   Kurzbeschreibung des zu planenden Gebäudes

....
....
....
....Siehe Anlage 3.2.

3.3   Zielvorgaben des Auftraggebers bei Auftragserteilung (Beschaffenheitskriterien)

Die Beschaffenheit des vom AG bestellten Werkes hat sich an den Vorgaben der Ziffern 3.3.1 bis 3.3.8 dieses Vertrags zu orientieren. Das Architektenwerk ist sachmangelfrei im Sinne des § 633 Abs. 2 S. 1 BGB, wenn es diesen Vorgaben entspricht. Werden vom AG keine Beschaffenheitsparameter vorgegeben, gilt § 633 Abs. 2 S. 2 BGB.

3.3.1 Raumprogramm

☐ Das Raumprogramm des AG ist festgelegt in ....Anlage 3.3.1.

3.3.2 Funktionsprogramm

☐ Das Funktionsprogramm des AG ist festgelegt in ....Anlage 3.3.2.

3.3.3 Ausstattungsprogramm

☐ Das Ausstattungsprogramm des AG ist festgelegt in ....Anlage 3.3.3.

3.3.4 Materialvorgaben

☐ Die Materialvorstellungen des AG sind dargestellt in ....Anlage 3.3.4.

3.3.5 Gestaltungsvorgaben

☐ Die Gestaltungsvorstellungen des AG sind dargestellt in ....Anlage 3.3.5.

3.3.6 Kostenvorgaben

☐ Die Kostenvorstellungen des AG liegen für die Kostengruppen 200 bis 600 DIN 276-Dezember 2008 bei ca .... €

3.3.7 Terminvorgaben

☐ Die Terminvorstellungen des AG:
Stufe 1: Vorplanung bis ....
Stufe 2: Entwurfsplanung bis ....
Stufe 3: Realisierungsplanung bis ....
Baubeginn: ca. am ....
Baufertigstellung: ca. am ....

3.3.8 Weitere Vorgaben des AG

☐ Bestehende Gutachten: ....Siehe Anlage 3.3.8.
☐ Weitere Vorgaben des AG: ....Siehe Anlage 3.3.8.

3.4 Konkrete Zielvorgaben des Auftraggebers am Ende der Vorplanung (Beschaffenheitskriterien)

Die Vertragsparteien verpflichten sich, die bei Auftragserteilung in Ziffer 3.3 definierten Zielvorgaben im Verlauf der Vorplanungsphase gemeinsam zu verdichten und dem Planungsstand entsprechend präziser zu definieren. Die derart fortgeschriebenen Zielvorgaben werden am Ende der Vorplanungsphase anhand der hierfür vorgesehenen Checkliste abgefragt und durch die bis dahin erstellten Pläne, Beschreibungen und Kostenermittlungen dokumentiert. Diese am Ende der Vorplanungsphase festgehaltenen Zielvorgaben stellen das konkrete Vertragsziel dar.

3.5 Änderung des Vertragsziels

Verändert der AG das in Ziffer 3.3 vorgegebene und in Ziffer 3.4 konkretisierte Vertragsziel (Leistungsziel im Sinne des § 3 Abs. 2 HOAI) und werden hierdurch weitere Leistungen des AN erforderlich, verpflichten sich die Vertragsparteien schon jetzt, für diese Leistungen eine schriftliche Vergütungsvereinbarung im Sinne des § 3 Abs. 2 S. 2 HOAI zu treffen.

4   Vertragsgrundlagen

Sind keine anderen Regelungen rechtswirksam vereinbart worden, gelten zur Abwicklung dieses Vertragsverhältnisses die nachfolgend aufgeführten Normen und Vorgaben.

4.1   Bürgerliches Gesetzbuch (BGB)

Insbesondere die Bestimmungen über den Werkvertrag §§ 631 ff. BGB.

4.2   Honorarordnung für Architekten und Ingenieure (HOAI 2009)

4.2.1   Bei Anrechenbaren Kosten bis 25.564.594 €/Gebäude

Bei Bauvorhaben mit Anrechenbaren Kosten bis 25.564.594 € gilt die HOAI 2009.

4.2.2   Bei Anrechenbaren Kosten über 25.564.594 €/Gebäude

Bei Bauvorhaben mit Anrechenbaren Kosten über 25.564.594 € gelten die Teile 1, 3 und 5 HOAI 2009, von den Vertragsparteien individuell ergänzt um die erweiterten Honorartafelwerte des § 34 HOAI 2009 nach:
- ☐   den Richtlinien des Landes BW (RIFT) .... Siehe Anlage 4.2.2.
- ☐   folgenden Erweiterungstafeln .... Siehe Anlage 4.2.2.

Es gilt die derart erweiterte HOAI 2009 in Gänze mit allen vertrags- und preisrechtlichen Konsequenzen, wie sie der Verordnungsgeber für Bauvorhaben bis zu 25.564.594 € vorgegeben hat.

5   Vertragsumfang

5.1   Vollbeauftragung

- ☐   Der AG beauftragt den AN
  - • mit allen für die Realisierung des in Ziffer 2 aufgeführten Gebäudes notwendigen Planungs- und Bauleitungsleistungen sowie
  - • mit den nach Fertigstellung des Bauvorhabens in einem Zeitraum von 4 Jahren ab Abnahme der Bauleistungen anfallenden Objektbetreuungsmaßnahmen.

5.2   Beauftragung in sinnvoll abgerundeten Leistungspaketen

5.2.1   Stufen bis zur Erstellung des Gebäudes

Der AG beauftragt den AN für das in Ziffer 2 aufgeführte Gebäude mit folgenden Stufen:
- ☐   **Stufe 1**: Vorentwurfsplanung (Zielfindungsphase)
- ☐   **Stufe 2**: Entwurfsplanung
- ☐   **Stufe 3**: Realisierungsplanung
- ☐   **Stufe 4**: Bauleitung
- ☐   **Individuell vereinbarte Stufe** .... Siehe Anlage 5.2.1.

Erfolgt eine stufenweise Beauftragung, so stellt jede Stufe einen eigenständigen Architektenvertrag dar. Werden in diesem Vertrag nicht alle Stufen beauftragt, verpflichtet sich der AG bei Fortführung der Planung und/oder nach Entschluss zur Realisierung des Gebäudes, den AN auch mit den **weiteren Stufen** zu beauftragen. Die jeweils weitere Stufe gilt nach Erreichen eines vorausgegangenen Stufenziels durch Abruf durch den AG **zu den in diesem Vertrag vereinbarten Regelungen**, einschließlich derjenigen, die gemäß HOAI 2009 ausdrücklich der Schriftform bei Auftragserteilung bedürfen, als rechtsgültig beauftragt. Der AN verpflichtet sich, die weiteren Aufgaben zu den Konditionen dieses Vertrags zu übernehmen.

5.2.2 Stufen nach Erstellung des Gebäudes

☐ **Stufe 5**: Objektbetreuung

Der AG beauftragt den AN auch mit den im Zeitraum von vier Jahren seit der Abnahme der Bauleistungen anfallenden Objektbetreuungsmaßnahmen.

5.3 Entbindung von einzelnen Planungspflichten

Der AG wird folgende Arbeitsschritte, die zur Herbeiführung des werkvertraglich geschuldeten Erfolgs notwendig und laut HOAI 2009 mit dem Grundhonorar abgegolten sind, **selbst erbringen oder von Dritten erbringen lassen.** Vergütung siehe 7.4.3.4.3.
5.3.1 ....
5.3.2 ....
5.3.3 ....Siehe Anlage 5.3.

5.4 Beauftragung besonderer Leistungen

Folgende besondere Leistungen, die neben den in Anlage 11 HOAI 2009 aufgeführten Leistungen zum Erreichen des werkvertraglich geschuldeten Erfolgs notwendig sind, werden hiermit beauftragt: Vergütung siehe 7.4.5.
5.4.1 ....
5.4.2 ....
5.4.3 ....Siehe Anlage 5.4.

5.5 Beauftragung zusätzlicher Leistungen

Folgende zusätzliche Leistungen werden hiermit beauftragt: Vergütung siehe 7.4.6.
5.5.1 ....
5.5.2 ....
5.5.3 ....Siehe Anlage 5.5.

5.6 Beauftragung aus anderen Planungsdisziplinen der HOAI

Der AG beauftragt den AN neben den Planungs- und/oder Bauleitungsleistungen für Gebäude auch mit den Planungs- und/oder Bauleitungsleistungen aus folgenden Planungsdisziplinen.

5.6.1 Objektplanung

☐ Raumbildender Ausbau: Siehe Honorarvereinbarung vom ....
☐ Freianlagen: Siehe Honorarvereinbarung vom ....
☐ Ingenieurbauwerke: Siehe Honorarvereinbarung vom ....
☐ Verkehrsanlagen: Siehe Honorarvereinbarung vom ....

5.6.2 Fachplanung

☐ Tragwerksplanung: Siehe Honorarvereinbarung vom ....
☐ Technische Gebäudeausrüstung:
  ☐ 1. Abwasser-, Wasser-, Gasanlagen: Siehe Honorarvereinbarung vom ....
  ☐ 2. Wärmeversorgungsanlagen: Siehe Honorarvereinbarung vom ....
  ☐ 3. Lufttechnische Anlagen: Siehe Honorarvereinbarung vom ....
  ☐ 4. Starkstromanlagen: Siehe Honorarvereinbarung vom ....
  ☐ 5. Fernmelde-/ informations-
    technische Anlagen Siehe Honorarvereinbarung vom ....
  ☐ 6. Förderanlagen: Siehe Honorarvereinbarung vom ....
  ☐ 7. nutzungsspezifische Anlagen: Siehe Honorarvereinbarung vom ....
  ☐ 8. Gebäudeautomation: Siehe Honorarvereinbarung vom ....

☐ Sonstige: ....
....
....
....Siehe Anlage 5.6.2.

5.6.3   Beratungsdisziplinen

☐ Wärmeschutz: Siehe Honorarvereinbarung vom ....
☐ Bauakustik: Siehe Honorarvereinbarung vom ....
☐ Raumakustik: Siehe Honorarvereinbarung vom ....
☐ Baugrundbeurteilung: Siehe Honorarvereinbarung vom ....
☐ Gründungsberatung: Siehe Honorarvereinbarung vom ....
☐ Entwurfsvermessung: Siehe Honorarvereinbarung vom ....
☐ Bauvermessung: Siehe Honorarvereinbarung vom ....
☐ Sonstige: ....
....
....
....Siehe Anlage 5.6.3.

5.7   Änderung des Vertragsumfangs

Verändert der AG den in Ziffer 5 definierten Vertragsumfang (Leistungsumfang im Sinne des § 3 Abs. 2 HOAI) und werden hierdurch weitere Leistungen des AN erforderlich, verpflichten sich die Vertragsparteien schon jetzt, für diese Leistungen eine schriftliche Vergütungsvereinbarung im Sinne des § 3 Abs. 2 S. 2 HOAI zu treffen.

6   Vertragsverpflichtungen des Auftragnehmers

Der AN schuldet ein für den AG verwendbares Ergebnis aus seiner planerischen bzw. bauleiterischen Arbeit. Der werkvertragsgemäße Erfolg seiner
* **planerischen** Tätigkeit ist ein Planungsergebnis, das dem Planungsstand entsprechend genau erkennen lassen muss, ob und wie das vom AG bestellte Werk realisierbar ist,
* **bauleiterischen** Arbeit ist das vom AG bestellte mangelfreie und voll funktionierende Werk, das Gebäude.

Dabei ist es unerheblich, ob einige der in der Honorarordnung aufgezählten Arbeitsschritte
* nicht erbracht werden, sofern sie zur Sicherung des geschuldeten Erfolgs nicht notwendig sind, oder aber
* mehrfach erbracht werden müssen, sofern sie, wie beispielsweise Alternativvorschläge, bei gleichbleibender Planungsaufgabe für den Entscheidungsprozeß des AG notwendig sind.

6.1   Stufe 1: Vorentwurfsplanung (Zielfindungsphase)

6.1.1   Der werkvertraglich geschuldete Erfolg

Im Rahmen der Vorplanung schuldet der AN ein Planungskonzept, das auf die in Ziffern 3.3.1 bis 3.3.8 beschriebenen Beschaffenheitsvorgaben des Gebäudes eingeht und dem AG Antworten auf folgende Fragen bietet:
* Ist der vorhandene Baubestand technisch und rechtlich der neuen Nutzung im Prinzip zugänglich (bei Bauen im Bestand)?
* Muss das bestehende Gebäude ganz oder teilweise abgebrochen werden und stehen dem Verbote entgegen (bei Bauen im Bestand)?
* Ist das Grundstück für die vorgesehene Bebauung generell geeignet?
* Ist das Raumprogramm im Prinzip eingehalten?
* Sind die Funktionsabläufe grundsätzlich gewährleistet?

3.

- Ist der Kostenrahmen realistisch oder ist ein anderer Finanzierungsrahmen vorzusehen?
- Ist der Zeitrahmen bei störungsfreiem Planungs- und Bauverlauf einhaltbar?
- Trifft die architektonische Aussage in Bezug auf Form, Gestaltung, Materialwahl und Farbgebung des Gebäudes im Grunde die Vorstellungen des AG?
- Ist das Planungskonzept mit den anderen an diesem Planungsprozess beteiligten Fachplanern abgestimmt?
- Sind die nutzungsspezifischen Anforderungen an die Technische Gebäudeausrüstung integrierbar?
- Sind die bauphysikalischen Bedingungen in Bezug auf die Genehmigungsfähigkeit voraussichtlich erfüllbar?
- Sind die gesetzlichen Rahmenbedingungen in Bezug auf die Genehmigungsfähigkeit voraussichtlich erfüllbar?
- Kann die Baumaßnahme bei laufendem Betrieb erfolgen (bei Bauen im Bestand)?
- Müssen während der Bauzeit für Personen oder Betriebsabläufe Umsetzungsmaßnahmen vorgenommen werden?

6.1.2 Darstellungsmittel für Stufe 1

Das Planungspaket der Stufe 1 ist dem AG zur Kenntnis zu geben und in der Regel darzustellen anhand von:
- Plänen im Maßstab 1:200,
- Materialbeschreibungen der wichtigsten Bauteile,
- Berechnungen der groben Gebäudemassen und -flächen,
- Kostenaussage in einem dem Planungsstadium entsprechenden Genauigkeitsgrad, u.U. getrennt für Neubau, Abbruch, Umbau/Modernisierung und Erweiterungsbau, wie Anbau oder Aufstockung, sowie einem
- schriftlichen Erläuterungsbericht mit allen planerischen, technischen, bauablaufbedingten und baurechtlichen Randbedingungen.

6.2 Stufe 2: Entwurfsplanung

6.2.1 Der werkvertraglich geschuldete Erfolg

Im Rahmen der Entwurfsplanung schuldet der AN eine Planung, die über den Genauigkeitsgrad der Stufe 1, Vorplanung, hinausgeht, die auf die in Ziffern 3.3.1 bis 3.3.8 beschriebenen Beschaffenheitsvorgaben des Gebäudes eingeht und dem AG Antworten auf folgende Fragen bietet:
- Ist das Grundstück optimal genutzt?
- Ist der Baubestand sinnvoll der neuen Nutzung zugeführt?
- Entspricht das Raumprogramm den Vorgaben des AG?
- Sind die vorgegebenen Funktionsabläufe sichergestellt?
- Hält die Kostenberechnung unter Einbeziehung der Änderungswünsche des AG den Kostenrahmen voll ein?
- Ist der Zeitrahmen bei störungsfreiem Planungs- und Bauverlauf, ggf. unter Beachtung von laufendem Betrieb, Umsetzungsmaßnahmen und/oder Interimslösungen, einhaltbar?
- Entspricht die architektonische Aussage in Bezug auf Form, Gestaltung, Materialwahl und Farbgebung des Gebäudes und von Gebäudeteilen, wie Fassade, Dach, Decken, Wänden, Böden, betrieblichen Einbauten, Einrichtungsgegenständen voll den Vorstellungen des AG?
- Ist das Planungskonzept in Bezug auf das vorgesehene Gestaltungs-, Konstruktions- und gesamte Technische Ausrüstungsniveau mit den beteiligten Fachplanern dem Planungsstand entsprechend abgestimmt?
- Sind die gesetzlichen Rahmenbedingungen in Bezug auf das öffentliche Recht und das Nachbarschaftsrecht eingehalten?
- Haben alle Vorgaben und Einwände der Träger öffentlicher Belange in der Planung Berücksichtigung gefunden?
- Ist die Genehmigungsfähigkeit hinreichend gewährleistet?

6.2.2 Darstellungsmittel für Stufe 2

Das Planungspaket der Stufe 2 ist dem AG zur Kenntnis zu geben und in der Regel darzustellen anhand von:
- Dokumentation des letzten Planungsstandes unter Einbeziehung aller Änderungswünsche des AG und der daraus sich ergebenden Verschiebungen des werkvertraglich vorgegebenen Ziels in Bezug auf Quantität, Qualität und Kosten,
- Lageplan im Maßstab 1:500,
- Bauplänen im Maßstab 1:100,
- Materialbeschreibungen aller Bauteile,
- Berechnungen der Hauptnutzflächen, Nebennutzflächen, Kubatur nach DIN 277,
- Kostenaussagen, formlos, aber in einem dem Planungsstadium entsprechenden Genauigkeitsgrad. Wenn nötig, zur Honorarrechnungslegung als Kostenberechnung im Sinne der HOAI, aufgestellt nach DIN 276 Ausgabe Dezember 2008, u.U. getrennt nach Neubau, Abbruch, Umbau/Modernisierung und Erweiterungsbau.
- Kostenvergleich zur vorausgegangenen Kostenaussage,
- fortgeschriebener Erläuterungsbericht unter Berücksichtigung aller vom AG und den Nutzern vorgegebenen Zielvorstellungen und Änderungen,
- bei Bedarf Aufarbeitung aller Unterlagen entsprechend der Bauvorlageverordnung des jeweiligen Bundeslandes.

3.

6.3 Stufe 3: Realisierungsplanung

6.3.1 Der werkvertraglich geschuldete Erfolg

Im Rahmen der Realisierungsplanung schuldet der AN
- Planungsunterlagen, die derart beschaffen sein müssen, dass hieran die einzelnen ausführenden Fachfirmen oder ein Generalunternehmer die Planungsidee in allen Details in Bezug auf Form, Mengen, Massen, Materialvorgaben, Qualität, Oberflächenbeschaffenheit, Farbe, Fabrikatsvorgaben erkennen, den Bauausführungsablauf nachvollziehen und alle Einheitspreise für alle Gewerke eindeutig kalkulieren und anbieten können,
- Kostenangebote ausführungsbereiter Unternehmen in ausreichender Anzahl,
- eine Kostenaussage als Überblick über die realistisch zu erwartenden Bau- und Nebenkosten sowie
- Vergabeunterlagen, kostensicher und auf den Bauablauf terminlich abgestimmt.

6.3.2 Darstellungsmittel für Stufe 3

Das Planungspaket ist dem AG zur Kenntnis zu geben und in der Regel darzustellen anhand von:
- Zeichnungen im Maßstab 1:50, 1:20, 1:10 und genauer, je nach Bedarf mit schriftlichen Ergänzungen,
- Ausschreibungsunterlagen mit Beschreibungen aller Bauleistungen nach Gewerken mit eindeutigen Materialangaben in Mengen, Massen, Qualitäten und Ausführungsart, Bauablaufvorgaben und Verdingungsunterlagen,
- Kostenvergleichen aller Anbieter aller Gewerke, rekrutiert aus einem individuellen Preiswettbewerbsverfahren,
- Kostenaussage als Planungsaussage in einem diesem Planungsstadium entsprechenden Genauigkeitsgrad aus der Summe der jeweils günstigsten Angebote der einzelnen Gewerke und für die Rechnungslegung einen Kostenanschlag im Sinne der HOAI, aufgestellt nach DIN 276 Ausgabe Dezember 2008,
- Kostenvergleich zu vorausgegangenen Kostenaussagen,
- Vergabevorschlag mit schriftlicher Begründung und
- Bauausführungsverträgen, vorbereitet für die Leistungsvergabe entweder an Einzelgewerkunternehmer oder einen Generalunternehmer oder an beide in sinnvoller Kombination. Bei Abschluss von Pauschalverträgen müssen diese derart gefasst sein, dass alle Einheitspreise aller Gewerke bis hin zur Abnahme und Abrechnung transparent bleiben.

6.4 Stufe 4: Objektüberwachung

6.4.1 Der werkvertraglich geschuldete Erfolg

Im Rahmen der Objektüberwachung schuldet der AN zusammen mit den anderen an der Planung fachlich Beteiligten
- die Materialisierung des Architektenwerks,
- die technische Abnahme des Gebäudes,
- die Feststellung der berechtigten Unternehmerforderungen und
- die Übergabe von Planungsunterlagen, die den AG auch nach Fertigstellung des Bauwerks in die Lage versetzen, etwaige Gewährleistungsansprüche gegen Bauunternehmer durchsetzen und Maßnahmen zur Unterhaltung und Bewirtschaftung des Gebäudes planen zu können.

6.4.2 Darstellungsmittel für Stufe 4

Die vertragskonforme Beschaffenheit des Gebäudes muss dem AG in der Regel durch folgende Unterlagen nachhaltig dokumentiert werden:
- Bautagebuch,
- Protokolle über die vom AG veranlassten und gegenüber der Ausführungsplanung abweichenden Änderungen,
- Abnahmeprotokolle der Werkleistungen aller am Baugeschehen Beteiligten,
- Prüfungsprotokolle aller Unternehmerrechnungen,
- Prüfungsprotokolle aller Rechnungen der anderen an der Planung und Bauleitung fachlich beteiligten Planer,
- Mappe mit allen wichtigen Bedienungsanleitungen,
- Gewährleistungsfristenliste aller am Baugeschehen beteiligten Unternehmer, Ingenieure und Planer,
- Kostenaussagen als
  - Kostenberechnung, die zum Zeitpunkt der Entwurfsplanung erarbeitet wurde,
  - Kostenfortschreibung der Kostenberechnung bis hin zur
  - Kostenfeststellung, unter Erläuterung und Berücksichtigung der im Laufe der Planung und Bauausführung aufgetretenen Veränderungen gegenüber den vom AG ursprünglich vorgegebenen Beschaffenheitskriterien des Gebäudes bei Auftragserteilung.

6.5 Stufe 5: Objektbetreuung und Dokumentation

Im Rahmen Objektbetreuung und Dokumentation schuldet der AN die nachfolgend aufgeführten Tätigkeiten und ist für den Zeitraum der Gewährleistungsfristen, begrenzt auf vier Jahre seit der Abnahme der Bauleistungen, zuständig für die
- Objektbetreuung nach Abnahme des Gebäudes:
  - Entgegennehmen und Erfassen von Mängelrügen seitens des AG direkt und/oder der Mieter/Nutzer,
  - Objektbegehung vor Gewährleistungsfristenablauf,
  - Erfassen bestehender Mängel,
  - Veranlassung der Mängelbeseitigung,
  - Überwachung der Mängelbeseitigung,
  - technische Abnahme der mängelbereinigten Bauteile,
  - Prüfung möglicher anfallender Rechnungen,
  - Mitwirkung bei der Freigabe von Sicherheiten.
- Dokumentation des Planungs- und Baugeschehens:
  - Übergabe der für den AG
    - wichtigen Pläne,
    - Berechnungen,
    - gesamten Korrespondenz mit Planern und Firmen,
    sofern diese Unterlagen dem AG noch nicht vorliegen.

7 Vertragsverpflichtungen des Auftraggebers

7.1 Verpflichtung zur Vorgabe der konkreten Zielvorstellung

Der AG verpflichtet sich, bei Auftragserteilung die Zielvorgaben seinem Erkenntnisstand entsprechend genau zu definieren und sie dem AN in Schriftform als Arbeitsgrundlage zur Verfügung zu stellen.   Siehe hierzu 3.

7.2 Verpflichtung zur Fortschreibung der Zielvorstellung

Der AG verpflichtet sich, die bei Auftragserteilung in Ziffer 3.3 definierten Zielvorgaben in sinnvollen Zeitabschnitten fortzuschreiben, dem jeweiligen Planungsstand entsprechend präziser zu definieren und dem AN schriftlich zur Kenntnis zu geben.

3.

7.3 Verpflichtung zur Kontrolle während des Planungs- und Bauprozesses

Zum Zweck der Rechtssicherheit führen die Parteien in regelmäßigen Zeitabschnitten, in der Regel in 14-tägiger Folge, sowie bei stufenweiser Beauftragung zusätzlich am Ende einer jeden Planungsstufe Abstimmungsbesprechungen durch. In einem von beiden Parteien zu unterschreibenden Abstimmungsbesprechungsprotokoll wird der jeweilige Planungs- und/oder Bauleitungsstand entweder als insoweit vertragskonform bestätigt oder begründet verneint.

7.4 Vergütungsverpflichtung

7.4.1 (Grund-)Honorar

Die nach Ziffer 5.1 oder Ziffer 5.2 dieses Vertrags beauftragten, auf das am Ende der Vorentwurfsphase konkret definierte Vertragsziel ausgerichteten und in Anlage 11 HOAI 2009 aufgezählten (Grund-)Leistungen, die zur ordnungsgemäßen Erfüllung eines Architektenvertrages im Allgemeinen erforderlich sind, sind vom (Grund-)Honorar abgegolten. Sofern nachfolgend im Einzelnen nichts anderes vereinbart wird, verpflichtet sich der AG zur Entrichtung einer Vergütung für die **Stufen 1 bis 5** die bei Bauvorhaben mit Anrechenbaren Kosten bis 25.564.594 € den gesetzlichen Regelungen der jeweils gültigen Gebührenordnung entspricht. Bei Kosten über 25.564.594 € erfolgt die Vergütung nach denselben Regelungen in allen rechtlichen Konsequenzen unter Beachtung der in Ziffer 4.2.2 vereinbarten Honorartafelerweiterung.

7.4.2 Zusätzliches Honorar

Leistungen, die in Anlage 11 HOAI 2009 aufgezählt sind und die durch eine Änderung des Leistungsziels, des Leistungsumfangs, des Leistungsablaufs oder anderer Anordnungen des Auftraggebers erforderlich werden, sind von der Regelungssystematik der HOAI nicht erfasst und gemäß § 3 Abs. 2 HOAI 2009 gesondert zu vergüten.

Siehe auch 3.5 und 5.7.

Andere als die in Anlage 11 HOAI 2009 aufgezählten Leistungen sind ebenfalls von der Regelungssystematik der HOAI nicht erfasst und gemäß § 3 Abs. 2 HOAI 2009 gesondert zu vergüten.   Siehe 7.4.5 und 7.4.6.

7.4.3 Vergütung der (Grund-)Leistungen

Die Höhe des Honorars für die nach Ziffer 5.1 oder Ziffer 5.2 beauftragten Leistungen richtet sich nach folgenden Kriterien:

7.4.3.1 Anrechenbare Kosten

Die Bemessungsgrundlage für das Honorar ist/sind gemäß

☐ § 6 Abs. 1 HOAI 2009 die in der Entwurfsphase erstellte Kostenberechnung,

☐ § 6 Abs. 2 HOAI 2009 die einvernehmlich festgelegten Baukosten, auf deren Grundlage die anrechenbaren Kosten nach den Vorgaben der HOAI zu ermitteln sind. ....Siehe Anlage 7.4.3.1.

☐ § 6 Abs. 2 HOAI 2009 die einvernehmlich festgelegten anrechenbaren Kosten laut Baukostenvereinbarung vom ....Siehe Anlage 7.4.3.1.

Der Ermittlung der anrechenbaren Kosten ist die DIN 276 in der Fassung von Dezember 2008 (DIN 276-1: 2008-12) zugrunde zu legen.

Ändern sich auf Veranlassung des Auftraggebers während der Laufzeit des Vertrags die anrechenbaren Kosten, ist die dem Honorar zugrunde liegende Vereinbarung hinsichtlich der anrechenbaren Kosten gemäß § 7 Abs. 5 HOAI durch schriftliche Vereinbarung anzupassen, um die Ausgewogenheit zwischen Leistung und Gegenleistung zu gewährleisten.

☐ Die vorhandene, vom AN mitzuverarbeitende Bausubstanz wird bei den anrechenbaren Kosten angemessen berücksichtigt und wie folgt angesetzt:
☐ pauschal: .... €
☐ ....€/m³ umbauter Raum

7.4.3.2 Honorarzone

In Anwendung des § 34 Abs. 2, 4, 5 HOAI 2009 wird die Honorarzone festgelegt auf:

☐ I   ☐ II   ☐ III   ☐ IV   ☐ V

7.4.3.3 Honorarsatz

Die Parteien vereinbaren anhand individueller aufwandsbezogener Einflussgrößen aus Standort, Zeit, Umwelt, Institutionen und Nutzung innerhalb der HOAI-konformen Honorarzone den Honorarsatz wie folgt.

☐ Mindestsatz   ☐ Dreiviertelsatz
☐ Viertelsatz   ☐ Höchstsatz oder
☐ Mittelsatz   ☐ ....% des Honorarrahmens

7.4.3.4 Leistungsumfang

Wird ein Architektenvertrag im Ganzen oder in sinnvollen Teilabschnitten vergeben, so bewertet die HOAI 2009 das Honorar für die einzelnen Leistungsstufen gemäß § 33 mit folgenden Prozentsätzen:

7.4.3.4.1 Bei Vollbeauftragung gemäß Ziffer 5.1

Stufe 1:	Grundlagenermittlung	=	3,0 %
	Vorplanung	=	7,0 %
Stufe 2:	Entwurfsplanung	=	11,0 %
	Genehmigungsplanung	=	6,0 %
Stufe 3:	Ausführungsplanung	=	25,0 %
	Vorbereitung der Vergabe	=	10,0 %
	Mitwirkung bei der Vergabe	=	4,0 %
Stufe 4:	Objektüberwachung	=	31,0 %
Stufen 1-4:		=	97,0 %

Insgesamt bei Beauftragung aller Auftragsstufen zuzüglich

Stufe 5:	Objektbetreuung	=	3,0 %
∑		=	100,0 %

7.4.3.4.2 Bei stufenweiser Beauftragung gemäß Ziffer 5.2

Mit folgenden Prozentsätzen ist die Vergütung der gemäß 5.2.1 und 4.2.2 beauftragten Stufen entsprechend § 33 HOAI abgegolten:

Stufe 1:	**Vorentwurfsplanung**		
	Grundlagenermittlung	=	3,0 %
	Vorplanung	=	7,0 %
	∑	=	10,0 %

Stufe 2:	**Entwurfsplanung**		
	Entwurfsplanung	=	11,0 %
	Genehmigungsplanung	=	6,0 %
	∑	=	17,0 %

Stufe 3:	**Realisierungsplanung**		
	Ausführungsplanung	=	25,0 %
	Vorbereitung der Vergabe	=	10,0 %
	Mitwirkung bei der Vergabe	=	4,0 %
	∑	=	39,0 %

Stufe 4:	**Bauleitung**		
	Objektüberwachung	=	31,0 %
	∑	=	31,0 %

Stufe 5:   **Objektbetreuung**
Objektbetreuung und Dokumentation
☐ 3,0 %
☐ pauschal: .... €
☐ auf Zeitnachweis mit: .... €/Std.

7.4.3.4.3 Bei Entbindung von einzelnen Planungspflichten

Die nach Ziffer 5.3 ausgenommenen Arbeitsschritte werden wie folgt bewertet und mindern dementsprechend das 100 %ige Honorar.
Leistungsminderung gemäß 5.3.1 .... %-Punkte
Leistungsminderung gemäß 5.3.2 .... %-Punkte
Leistungsminderung gemäß 5.3.3 .... Siehe Anlage 7.4.3.4.3.

7.4.5   Vergütung der besonderen Leistungen

Die nach Ziffer 5.4 beauftragten Arbeitsschritte werden wie folgt bewertet und vergütet:
Beauftragung gemäß 5.4.1 .... % oder pauschal .... €
Beauftragung gemäß 5.5.2 .... % oder pauschal .... €
Beauftragung gemäß 5.5.3 .... % oder pauschal .... €
Beauftragung gemäß 5.5.4 .... % oder pauschal .... Siehe Anlage 7.4.5.

7.4.6   Vergütung der zusätzlichen Leistungen

Die nach Ziffer 5.5 beauftragten zusätzlichen Arbeitsschritte werden wie folgt bewertet und vergütet:
Beauftragung gemäß 5.5.1 .... % oder pauschal .... €
Beauftragung gemäß 5.5.2 .... Siehe Anlage 7.4.6.

3.

7.4.7 Vergütung der Mehraufwendungen bedingt durch

7.4.7.1 Auftragsteilung in zwei oder mehrere Architektenteilaufträge

Wird ein Architektenvollauftrag aufgeteilt und in zwei oder mehreren in sich abgeschlossenen Teilen an zwei oder mehrere Architekten vergeben, so hat der jeweils nachfolgende Planer die Planungsergebnisse des/der Vorgänger(s) auf ihre uneingeschränkte Tauglichkeit im Sinne des letztendlich von ihm geschuldeten werkvertraglichen Gesamterfolgs verantwortlich zu überprüfen. Für diesen Kontrollaufwand vereinbaren die Parteien folgenden Honorarzuschlag:

☐ pauschal .... €
☐ 10 % des HOAI-Mindesthonorars der zu überprüfenden Vorarbeit
☐ .... % des HOAI-Mindesthonorars der zu überprüfenden Vorarbeit
Bei Überschreiten der Honorartafelwerte greift Ziffer 4.2.2.

7.4.7.2 Auftragsteilung innerhalb von Leistungsphasen

Durch die Beauftragung von einzelnen Arbeitsschritten aus einer Leistungsphase an Dritte ergibt sich ein zusätzlicher Koordinierungs- und Einarbeitungsaufwand. Hierfür vereinbaren die Parteien im Sinne des § 8 Abs. 2 S. 3 HOAI 2009 einen Zuschlag zum Grundhonorar wie folgt:

☐ pauschal mit .... %-Punkten nach § 33 HOAI 2009
☐ pauschal mit .... €

7.4.7.3 Planungszeitverlängerung

Wird die Planungszeit durch den AG unterbrochen oder durch einen vom AG im Rahmen der Baumaßnahme vertraglich eingebundenen Dritten behindert, so steht dem AN für die daraus resultierenden Vorhaltekosten seiner Planungskapazitäten ein Kostenersatz zu. Der Kostenersatz erfolgt nach plausiblem Nachweis durch den AN und beträgt für den:
Auftragnehmer: .... €/Monat
Mitarbeiter mit Hochschulabschluss: .... €/Monat
Mitarbeiter mit mittlerem Abschluss: .... €/Monat

7.4.7.4 Bauleitungszeitverlängerung

Die Bauleitungszeit wird geschätzt auf .... Monate. Wird sie bei Beibehaltung des Vertragsziels durch Umstände, die der AN nicht zu vertreten hat, um mehr als .... % überzogen, steht dem AN ein Kostenersatz für die nach benannter Karenzzeit anfallenden Monate, wie in 7.4.7.3 für Planungszeitverlängerung vereinbart, zu.

7.4.8 Umbau- und Modernisierungszuschlag

Die Parteien vereinbaren anhand individueller leistungserschwerender Kriterien einen Umbauzuschlag in Höhe von:

☐ 20%   ☐ 40%   ☐ 60%   ☐ 80%   ☐ .... %

7.4.9 Instandsetzungs- bzw. Instandhaltungszuschlag

Die Parteien vereinbaren anhand individueller leistungserschwerender Kriterien einen Zuschlag in Höhe von:

☐ 50 % des Objektüberwachungshonorars
☐ .... % des Objektüberwachungshonorars

7.5 Mitwirkungsverpflichtung

Der AG schließt auf Anraten des AN für alle notwendige Planungsdisziplinen mit anderen Fachplaner- oder Gutachterbüros weitere eigenständige Werkverträge ab:
7.5.1 ....
7.5.2 ....
7.5.3 ....
7.5.4 ....
7.5.5 .... Siehe Anlage 7.5.

8 Zusätzliche Vertragsvereinbarungen

8.1 Nebenkosten

3.

☐ Alle Nebenkosten:
  ☐ auf Nachweis ☐ .... % des Honorars ☐ pauschal .... €
☐ Versand- und Datenübertragungskosten:
  ☐ auf Nachweis ☐ .... % des Honorars ☐ pauschal .... €
☐ Vervielfältigungen, Filme, Fotos:
  ☐ auf Nachweis ☐ .... % des Honorars ☐ pauschal .... €
☐ Baustellenbüro:
  ☐ auf Nachweis ☐ .... % des Honorars ☐ pauschal .... €
☐ Fahrten im Umkreis von bis zu 15 km zwischen Geschäftssitz des AN und Ziel
  ☐ . € pro Fahrt
☐ Kosten und Entschädigungen für Reisen über 15 Entfernungskilometer zwischen Geschäftssitz des AG und Ziel
  ☐ .... €/km auf Kilometernachweis
  ☐ .... € als Tagespauschale

8.2 Zahlungen

Abschlagszahlungsanforderungen gemäß § 632 a BGB können unter Nachweis des bis dahin erbrachten Leistungsstands angefordert werden. Die Zahlung hierauf erfolgt im Rahmen von 10 Werktagen nach Rechnungseingang beim AG.

Die **Schlussrechnung** kann gestellt werden bei einer
• Vollbeauftragung der Stufen 1 bis 4 nach Ziffer 5.1 dieses Vertrags nach Beendigung der Planung und Objektüberwachung,
• stufenweisen Beauftragung der Stufen 1 bis 4 nach Ziffer 5.2.1 dieses Vertrags nach jeder abgeschlossenen Stufe,
• Beauftragung der Stufe 5 nach Ziffer 5.2.2 dieses Vertrages nach Beendigung der Objektbetreuung, frühestens vier Jahre nach Abnahme der Bauleistungen.

Eine **Aufrechnung** gegen den Honoraranspruch des AN ist nur mit rechtskräftig festgestellten Forderungen zulässig.

8.3 Umsatzsteuer

Die Umsatzsteuer wird zusätzlich in Rechnung gestellt und richtet sich bei der Honorarvergütung und Nebenkostenerstattung nach dem zum frühest möglichen Zeitpunkt der Schlussrechnungsstellung gültigen Steuersatz.

8.4 Haftpflichtversicherung

Der AN ist verpflichtet, eine Berufshaftpflichtversicherung nachzuweisen mit Deckungssummen für:
☐ Personenschäden in Höhe von .... €
☐ sonstige Schäden in Höhe von .... €
Die Versicherungspolice ist dem AG in Kopieform zu übergeben.

8.5   Vorzeitige Beendigung des Vertrags

Es gelten die gesetzlichen Regelungen gemäß BGB.

8.6   Urheberrecht des Architekten

Der AN hat das Recht,
* auch nach Beendigung dieses Vertrages nach Terminabsprache mit dem Bauherrn das Gebäude zu betreten, um zu fotografieren oder sonstige Aufnahmen zu fertigen,
* bei Veröffentlichungen des geplanten Bauwerks namentlich genannt zu werden, Veränderungen an dem von ihm geplanten Gebäude zu untersagen, sofern dieses urheberrechtsschutzwürdig ist und diese Änderungen oder Ergänzungen unter Abwägung der berechtigten Interessen des AG nicht wirtschaftlich notwendig oder aus technischen Gründen vorgeschrieben sind.

Es gelten ansonsten die gesetzlichen Bestimmungen.

8.7   Schlussbestimmungen

☐ Sollte während des Vertragsverhältnisses eine neue Gebührenordnung in Kraft treten, so gilt für die Leistungen, die nach Inkrafttreten dieser neuen Verordnung erbracht werden, die jeweils neu geltende(n)
  ☐ Honorartafeln
  ☐ Vergütungssystematik

Änderungen dieses Vertrages können nur in Schriftform rechtsgültig vereinbart werden und dies nur dann, wenn sie der Systematik der HOAI nicht zuwiderstehen.

Sollten einzelne Bestimmungen dieses Vertrages ganz oder teilweise unwirksam sein oder werden, wird dadurch die Gültigkeit des Vertrages im Übrigen nicht berührt. Anstelle der unwirksamen Bestimmung soll diejenige Regelung gelten, deren Wirkungen der wirtschaftlichen Zielsetzung der unwirksamen Bestimmung möglichst nahe kommen. Entsprechendes gilt im Fall von ungewollten Regelungslücken.

9   Zusätzliche Vertragsvereinbarungen

Es wird zusätzlich individuell vereinbart: ....
....
....
....
.... Siehe Anlage 9.

10   Beurkundung durch die Vertragsparteien

....

Ort: Datum: Ort: Datum:

....

Unterschrift des Auftraggebers: Unterschrift des Auftragnehmers:

11   Schiedsvereinbarung

Bei Streitigkeiten und über Grund und/oder Höhe des Vergütungsanspruchs entscheidet unter Ausschluss des ordentlichen Rechtsweges ein Schiedsgericht.

☐ Die Parteien bestellen einvernehmlich als Einzelschiedsrichter:
Herrn/Frau ....
....
....

☐ Die Parteien bestellen für ein Zweierschiedsverfahren jeweils eine Person ihres Vertrauens als Schiedsrichter:
Herrn/Frau ....
....
....

Herrn/Frau ....
....
....

Für den Fall, dass sich die beiden bestellten Schiedsrichter nicht auf einen einvernehmlichen Schiedsspruch einigen können, werden diese hiermit befugt, eine(n) Obfrau/Obmann auf Kosten der Vertragsparteinen bestellen.

3.

....
Ort: Datum: Ort: Datum:

....
Unterschrift des Auftraggebers: Unterschrift des Auftragnehmers:

Checklisten

Checkliste
für Vorentwurfsplanung

Checkliste: Nr.: ....   Jour fixe am: ....
Abgleich der Beschaffenheitskriterien des Gebäudes
Stufe 1 (Vorentwurfsplanung)

1 Ist der vorhandene Baubestand technisch und rechtlich der neuen Nutzung im Prinzip zugänglich?
☐ ja! ☐ nein! Begründung: ....
Abhilfe durch: ....
....

2 Muss das bestehende Gebäude ganz oder teilweise abgebrochen werden und stehen dem Verbote entgegen?
☐ ja! ☐ nein! Begründung: ....
Abhilfe durch: ....
....

3 Ist das unter Ziffer 2 vorgegebene Grundstück für die vorgesehene Bebauung generell geeignet?
☐ ja! ☐ nein! Begründung: ....
Abhilfe durch: ....
....

4 Ist das unter Ziffer 3.3.1 vorgegebene Raumprogramm im Prinzip eingehalten?
☐ ja! ☐ nein! Begründung: ....
Abhilfe durch: ....
....

5 Sind die für das unter Ziffer 3.3.2 vorgegebene Funktionsprogramm erforderlichen Funktionsabläufe grundsätzlich gewährleistet?
☐ ja! ☐ nein! Begründung: ....
Abhilfe durch: ....
....

6 Ist das unter Ziffer 3.3.3 beschriebene Ausstattungsprogramm realisierbar?
☐ ja! ☐ nein! Begründung: ....
Abhilfe durch: ....
....

7 Sind die unter Ziffer 3.3.4 vorgegebenen Materialvorstellungen in der Planung berücksichtigt?
☐ ja! ☐ nein! Begründung: ....
Abhilfe durch: ....
....

8 Sind die unter Ziffer 3.3.5 vorgegebenen Gestaltungsvorgaben in die Planung eingegangen?
☐ ja! ☐ nein! Begründung: ....
Abhilfe durch: ....
....

9 Ist der unter Ziffer 3.3.6 vorgegebene Kostenrahmen realistisch?
☐ ja! ☐ nein! Begründung: ....
Abhilfe durch: ....
....

4.1

10 Ist der unter Ziffer 3.3.7 vorgegebene Zeitrahmen bei störungsfreiem Planungs-
und Bauverlauf einhaltbar?
☐ ja! ☐ nein! Begründung: ....
Abhilfe durch: ....
....

11 Sind die unter Ziffer 3.3.8 beschriebenen weiteren Vorgaben einhaltbar?
☐ ja! ☐ nein! Begründung: ....
Abhilfe durch: ....
....

12 Ist das Planungskonzept dem Planungsstand entsprechend mit den beteiligten
Planern abgestimmt?
☐ ja! ☐ nein! Begründung: ....
Abhilfe durch: ....
....

13 Sind die gesetzlichen Rahmenbedingungen in Bezug auf die Genehmigungsfähigkeit generell erfüllbar?
☐ ja! ☐ nein! Begründung: ....
Abhilfe durch: ....
....

14 Sind die Vorgaben und/oder Einwände der Träger öffentlicher Belange im Hinblick
auf die Genehmigungsfähigkeit berücksichtigt worden?
☐ ja! ☐ nein! Begründung: ....
Abhilfe durch: ....
....

15 Sind bei Abbruchmaßnahmen Besonderheiten wie kontaminierter Boden, Siche-
rungsmaßnahmen beachtet worden?
☐ ja! ☐ nein! Begründung: ....
Abhilfe durch: ....
....

16 Sind Abbruch- und Abrissmaßnahmen bauteil- und / oder anlagenbezogen zeit-
und kostenmäßig erfasst?
☐ ja! ☐ nein! Begründung: ....
Abhilfe durch: ....
....

17 Sind Demontage- und Montageleistungen ggf. bei Aufrechterhaltung der betrieblichen Gebäudenutzung sichergestellt?
☐ ja! ☐ nein! Begründung: ....
Abhilfe durch: ....
....

18 Sind ggf. Interimslösungen geplant?
☐ ja! ☐ nein! Begründung: ....
Abhilfe durch: ....
....

---

19 Sind weitere Gesichtspunkte noch zu klären?
☐ ja! ☐ nein! Begründung: ....
Abhilfe durch: ....
....
....
....
....

---

20 Entsprechen die unter Ziffer 3.3 des Vertrags festgelegten Zielvorgaben den am Ende der Vorentwurfsphase abschließend festgelegten Zielvorgaben?
☐ ja! ☐ nein! Begründung: ....
Veränderungen: ....
....

---

21 Wurden die Zielvorgaben entsprechend Ziffer 3.4 des Vertrags abschließend festgelegt und ist das Etappenziel der Stufe 1 erreicht?
☐ ja! ☐ nein! Begründung: ....
Abhilfe durch: ....
....

4.1

....

Ort: Datum: Ort: Datum:

....

Unterschrift des Auftraggebers: Unterschrift des Auftragnehmers:

Checkliste
für Entwurfsplanung

4.2

Checkliste: Nr.: ....   **Jour fixe am: ....**

Abgleich der Beschaffenheitskriterien des Gebäudes
Stufe 2 (Entwurfsplanung)

---

1 Ist das unter Ziffer 2 vorgegebene Grundstück für die vorgesehene Bebauung im Sinne der Aufgabenstellung optimal genutzt?
☐ ja! ☐ nein! Begründung: ....
Abhilfe durch: ....
....

---

2 Entspricht das unter 3.3.1 vorgegebene Raumprogramm hinsichtlich Anzahl und Größe aller Räume voll den Vorstellungen des AG?
☐ ja! ☐ nein! Begründung: ....
Abhilfe durch: ....
....

---

3 Sind die unter 3.3.2 vorgegebenen Funktionsabläufe durch entsprechende Zuordnung aller Räume zueinander absolut sichergestellt?
☐ ja! ☐ nein! Begründung: ....
Abhilfe durch: ....
....

4.2

---

4 Ist das unter Ziffer 3.3.3 beschriebene Ausstattungsprogramm voll in die Planung übernommen worden?
☐ ja! ☐ nein! Begründung: ....
Abhilfe durch: ....
....

---

5 Trifft die architektonische Aussage in Bezug auf Materialwahl und Farbgebung die unter 3.3.4 aufgezeigten Vorstellungen des AG?
☐ ja! ☐ nein! Begründung: ....
Abhilfe durch: ....
....

---

6 Trifft die architektonische Aussage in Bezug auf Form und Gestaltung die unter 3.3.5 aufgezeigten Vorstellungen des AG?
☐ ja! ☐ nein! Begründung: ....
Abhilfe durch: ....
....

---

7 Hält die Kostenberechnung den Kostenrahmen unter Einbeziehung der bisherigen Änderungswünsche ein?
☐ ja! ☐ nein! Begründung: ....
Abhilfe durch: ....
....

---

8 Ist der vorgegebene Zeitrahmen bei störungsfreiem Planungs- und Bauverlauf einhaltbar?
☐ ja! ☐ nein! Begründung: ....
Abhilfe durch: ....
....

9   Sind die unter Ziffer 3.3.8 beschriebenen weiteren Vorgaben eingehalten?
    ☐ ja!   ☐ nein!   Begründung: ....
    Abhilfe durch: ....
    ....

10 Ist das Planungskonzept mit allen beteiligten Planern dem Planungsstand entspre-
    chend abgestimmt?
    ☐ ja!   ☐ nein!   Begründung: ....
    Abhilfe durch: ....
    ....

11 Sind die gesetzlichen Rahmenbedingungen in Bezug auf das öffentliche Recht
    und das Nachbarschaftsrecht im Hinblick auf die Genehmigungsfähigkeit einge-
    halten?
    ☐ ja!   ☐ nein!   Begründung: ....
    Abhilfe durch: ....
    ....

12 Sind die Vorgaben und/oder Einwände der Träger öffentlicher Belange im Hinblick
    auf die Genehmigungsfähigkeit komplett berücksichtigt worden?
    ☐ ja!   ☐ nein!   Begründung: ....
    Abhilfe durch: ....
    ....

13 Sind bei Abbruchmaßnahmen Besonderheiten wie kontaminierter Boden, Siche-
    rungsmaßnahmen beachtet worden?
    ☐ ja!   ☐ nein!   Begründung: ....
    Abhilfe durch: ....
    ....

14 Sind alle im Laufe der Planung vom AG gewünschten Änderungswünsche doku-
    mentiert und in die Pläne und die Kostenberechnung eingearbeitet worden?
    ☐ ja!   ☐ nein!   Begründung: ....
    Abhilfe durch: ....
    ....

15 Sind Abbruch- und Abrissmaßnahmen bauteil- und / oder anlagenbezogen zeit-
    und kostenmäßig erfasst?
    ☐ ja!   ☐ nein!   Begründung: ....
    Abhilfe durch: ....
    ....

16 Sind Demontage- und Montageleistungen ggf. bei Aufrechterhaltung der betriebli-
    chen Gebäudenutzung sichergestellt?
    ☐ ja!   ☐ nein!   Begründung: ....
    Abhilfe durch: ....
    ....

17 Sind ggf. Interimslösungen geplant?
    ☐ ja!   ☐ nein!   Begründung: ....
    Abhilfe durch: ....
    ....

18 Sind weitere Gesichtspunkte noch zu klären?
    ☐ ja! ☐ nein! Begründung: ....
    Abhilfe durch: ....
    ....
    ....
    ....
    ....
    ....

19 Ist das Etappenziel der Stufe 2 erreicht?
    ☐ ja! ☐ nein! Begründung: ....
    Abhilfe durch: ....
    ....

....

Ort: Datum: Ort: Datum:

4.2

....

Unterschrift des Auftraggebers: Unterschrift des Auftragnehmers:

Checkliste
für Realisierungsplanung

Checkliste: Nr.: ....　　　　Jour fixe am: ....

Abgleich der Beschaffenheitskriterien des Gebäudes

Stufe 3 (Realisierungsplanung)

1　Sind die zeichnerischen Planungsunterlagen in Bezug auf Ausführungsform, Maß-
　　angaben und Material in ihrer Darstellung derart, dass sie von den bauausfüh-
　　renden Firmen zwecks Kalkulation und Angebotsabgabe sicher nachvollzogen
　　werden können?
　　☐ ja!　☐ nein!　Begründung: ....
　　Abhilfe durch: ....
　　...
　　...
　　...

2　Sind die Ausschreibungsunterlagen in ihrer Beschreibung der Ausführungsarten,
　　Materialvorgaben, Qualitätsvorgaben, Fabrikatsvorgaben und Mengen derart,
　　dass sie von den Firmen zwecks Kalkulation und Angebotsabgabe sicher nach-
　　vollzogen werden können?
　　☐ ja!　☐ nein!　Begründung: ....
　　Abhilfe durch: ....
　　...
　　...
　　...

4.3

3　Sind Preisangebote ausführungsbereiter Unternehmer in ausreichender Zahl ein-
　　geholt worden?
　　☐ ja!　☐ nein!　Begründung: ....
　　Abhilfe durch: ....
　　...
　　...
　　...

4　Sind die Angebote in einem Preisspiegel derart aufbereitet, dass danach ein dezi-
　　dierter Kostenvergleich der einzelnen Anbieter auch nach Einzelpreisen möglich
　　ist?
　　☐ ja!　☐ nein!　Begründung: ....
　　Abhilfe durch: ....
　　...
　　...
　　...

5　Sind die Verdingungsunterlagen derart eindeutig, dass ein reibungsloser Bauab-
　　lauf damit im Prinzip gewährleistet ist?
　　☐ ja!　☐ nein!　Begründung: ....
　　Abhilfe durch: ....
　　...
　　...
　　...

6　Sind die Verdingungsunterlagen derart, dass die Einheitspreise bis zur Abrech-
　　nung (auch bei Einschalten eines Generalunternehmers) erkennbar bleiben?
　　☐ ja!　☐ nein!　Begründung: ....
　　Abhilfe durch: ....
　　...
　　...
　　...

7 Ist der Kostenanschlag um die noch nicht eingeholten und/oder eingegangenen Angebote weiterer Gewerke über Schätzungen hochgerechnet und komplettiert worden?
☐ ja! ☐ nein! Begründung: ....
Abhilfe durch: ....
....
....
....
....

8 Ist der Kostenanschlag um alle später eingegangenen Nachträge aktualisiert?
☐ ja! ☐ nein! Begründung: ....
Abhilfe durch: ....
....
....
....
....

9 Sind weitere Gesichtspunkte noch zu klären?
☐ ja! ☐ nein! Begründung: ....
Abhilfe durch: ....
....
....
....
....
....
....

10 Ist das Etappenziel der Stufe 3 erreicht?
☐ ja! ☐ nein! Begründung: ....
Abhilfe durch: ....
....
....
....
....
....

....
Ort: Datum: Ort: Datum:

....
Unterschrift des Auftraggebers: Unterschrift des Auftragnehmers:

Checkliste
für Bauleitung

Checkliste: Nr.: ....   Jour fixe am: ....

Abgleich der Beschaffenheitskriterien des Gebäudes
Stufe 4 (Bauleitung)

1 Sind die Aufmaße der Werkleistungen aller am Bau beteiligten Firmen erstellt?
☐ ja! ☐ nein! Begründung: ....
Abhilfe durch: ....
....
....
....
....
....

2 Sind die derzeit erkennbaren Mängel aller Gewerke aufgelistet?
☐ ja! ☐ nein! Begründung: ....
Abhilfe durch: ....
....
....
....
....
....

4.4

3 Sind die Nachbesserungsarbeiten zur Behebung bestehender Mängel veranlasst?
☐ ja! ☐ nein! Begründung: ....
Abhilfe durch: ....
....
....
....
....
....

4 Sind die Nachbesserungsarbeiten abgeschlossen?
☐ ja! ☐ nein! Begründung: ....
Abhilfe durch: ....
....
....
....
....
....

5 Sind die Rechnungen aller am Planungs- und Baugeschehen beteiligten Planer
und Firmen geprüft?
☐ ja! ☐ nein! Begründung: ....
Abhilfe durch: ....
....
....
....
....
....

6 Ist die technische Abnahme der Werkleistungen aller Gewerke erfolgt?
   ☐ ja! ☐ nein! Begründung: ....
   Abhilfe durch: ....
   ....
   ....
   ....
   ....

7 Sind die Gewährleistungsfristen aller am Bau beteiligten Firmen erstellt?
   ☐ ja! ☐ nein! Begründung: ....
   Abhilfe durch: ....
   ....
   ....
   ....
   ....

8 Sind die Kosten aller am Planungs- und Bauprozess Beteiligten erfasst?
   ☐ ja! ☐ nein! Begründung: ....
   Abhilfe durch: ....
   ....
   ....
   ....
   ....

9 Sind weitere Gesichtspunkte noch zu klären?
   ☐ ja! ☐ nein! Begründung: ....
   Abhilfe durch: ....
   ....
   ....
   ....
   ....
   ....
   ....
   ....
   ....

10 Ist das Etappenziel der Stufe 4 erreicht?
    ☐ ja! ☐ nein! Begründung: ....
    Abhilfe durch: ....
    ....
    ....

....

Ort: .... Datum: .... Ort: .... Datum: ....

....

Unterschrift des Auftraggebers: .... Unterschrift des Auftragnehmers:

Checkliste
für Objektbetreuung
und Dokumentation

Checkliste: Nr.: ....   Jour fixe am: ....
Abgleich der Beschaffenheitskriterien des Gebäudes
Stufe 5 (Objektbetreuung und Dokumentation)

1   Haben Objektbegehungen in Hinblick auf Mängelfeststellung der einzelnen Gewerke vor Ablauf der jeweiligen Verjährungsfristen stattgefunden?
☐ ja! ☐ nein! Begründung: ....
Abhilfe durch: ....
....

2   Sind die derzeit erkennbaren Mängel aller Gewerke aufgelistet?
☐ ja! ☐ nein! Begründung: ....
Abhilfe durch: ....
....

3   Sind die Nachbesserungsarbeiten zur Behebung bestehender Mängel veranlasst?
☐ ja! ☐ nein! Begründung: ....
Abhilfe durch: ....
....

4.5

4   Sind die nachgebesserten Bauteile technisch abgenommen?
☐ ja! ☐ nein! Begründung: ....
Abhilfe durch: ....
....

5   Sind die vorliegenden Sicherheiten freigegeben?
☐ ja! ☐ nein! Begründung: ....
Abhilfe durch: ....
....

6   Sind die für den AG wichtigsten Pläne, Berechnungen und die Korrespondenz mit Planern und Firmen dem AG übergeben?
☐ ja! ☐ nein! Begründung: ....
Abhilfe durch: ....
....

7   Sind weitere Gesichtspunkte noch zu klären?
☐ ja! ☐ nein! Begründung: ....
Abhilfe durch: ....
....
....
....
....

....
Ort: Datum: Ort: Datum:

....
Unterschrift des Auftraggebers: Unterschrift des Auftragnehmers:

Anmerkungen zum Vertragsmuster

5.

Anmerkungen zum Vertragsmuster

zu Ziffer 1:   Vertragspartner

Die Vertragsparteien des Werkvertrags sind der Besteller und der Unternehmer. Sie werden im allgemeinen Sprachgebrauch meist als Auftraggeber und Auftragnehmer bezeichnet.

Für den Auftragnehmer ist es wichtig, **wer ihm gegenüber als Auftraggeber auftritt**, ob es sich dabei beispielsweise um
* eine oder mehrere natürliche Person(en) oder
* einen Zusammenschluss mehrerer Personen handelt, welcher
  * rechtsfähig,
  * teilrechtsfähig oder
  * nicht rechtsfähig sein kann.

Des weiteren sollte sich der Auftragnehmer bei Vertragsschluss darüber im Klaren sein,
* ob der Auftraggeber den Auftrag selbst vergibt oder
* sich dabei von Dritten vertreten lässt.

Da im Fall eines Rechtsstreits der Auftragnehmer wissen und nachweisen können muss,
* wer ihn beauftragt hat und
* wen er somit verklagen kann/muss

ist eine eindeutige Festlegung des Auftraggebers schon im Vertrag für ihn von fundamentaler Bedeutung.

Bei einer Auftragserteilung durch **eine natürliche Person** stellt sich die Vertragssituation vergleichsweise einfach und eindeutig dar. Sind deren Personalien, also
* Name,
* Vorname und
* Anschrift

im Vertrag niedergeschrieben, steht in der Regel der Vertragspartner unmissverständlich fest.

Anders kann es bereits dann aussehen, wenn ein Auftrag durch **mehrere Personen**, beispielsweise durch ein Ehepaar, vergeben wird. Beabsichtigt ein Ehepaar beispielsweise ein Einfamilienwohnhaus planen zu lassen, so sollten aus Sicht des Auftragnehmers beide Ehepartner als Auftraggeber in den Vertrag aufgenommen werden. Andernfalls kann der nicht im Vertrag erwähnte und somit nicht aus dem Vertrag verpflichtete Ehepartner bei einem späteren Honorarprozess möglicherweise als Zeuge auftreten und „bezeugen", dass der Auftragnehmer beispielsweise versprochen habe, die gesamte Vorplanung kostenlos und unverbindlich zu erbringen.

Auch bei einer Auftragserteilung durch **Gesellschaften** sollte der Auftragnehmer genau darauf achten, wer sein Vertragspartner wird. Daher ist es auch hier sinnvoll und geboten, beim Vertragsschluss genau darauf zu achten, dass neben Namen und Anschriften von Gesellschaft und/oder Gesellschaftern auch die gesellschaftsinternen Verhältnisse sowie die Vertretungs- und damit die Unterschriftsbefugnisse in den Vertrag mit aufgenommen werden. Nur dadurch wird klar, ob
* ausschließlich die Gesellschaft,
* ausschließlich
  * ein einzelner Gesellschafter oder
  * mehrere Gesellschafter oder aber
* die Gesellschaft und deren Gesellschafter

Vertragspartner werden und damit wirksam aus dem Vertrag berechtigt und verpflichtet werden. Im Zweifelsfall kann auch eine Auskunft beim Handelsregister zusätzliche Klarheit dahingehend schaffen, ob beispielsweise die betreffende Gesellschaft noch besteht und wer zu ihrer Vertretung berechtigt ist.

5.

Für den Fall, dass ein Planungsauftrag durch eine **Stadt bzw. Gemeinde** erteilt wird, sind weitere Besonderheiten zu beachten. So gelten bei Gemeinden besondere Vorschriften, welche zur Folge haben, dass Verträge mit Gemeinden erst mit deren schriftlicher Unterzeichnung wirksam zustande kommen. Die übliche Konstellation der mündlichen Beauftragung von Architektenleistungen kann es bei Gemeinden auf Auftraggeberseite daher nicht geben, weshalb der Planer ohne schriftlichen Vertrag keinen vertraglichen Vergütungsanspruch gegenüber der Gemeinde hat. Derartige Regelungen gibt es in den Gemeindeordnungen der verschiedenen Bundesländer, beispielhaft seien genannt:

> **Zitat aus der Gemeindeordnung Baden-Württemberg:**
> § 54 Verpflichtungserklärungen
> (1) Erklärungen, durch welche die Gemeinde verpflichtet werden soll, bedürfen der Schriftform oder müssen in elektronischer Form mit einer dauerhaft überprüfbaren Signatur versehen sein. Sie sind vom Bürgermeister handschriftlich zu unterzeichen. [...]

> **Zitat aus der Gemeindeordnung Nordrhein-Westfalen:**
> § 64 Abgabe von Erklärungen
> (1) Erklärungen, durch welche die Gemeinde verpflichtet werden soll, bedürfen der Schriftform. Sie sind vom Bürgermeister oder dem allgemeinen Vertreter und einem vertretungsberechtigten Bediensteten zu unterzeichnen, soweit dieses Gesetz nicht etwas anderes bestimmt. [...]

Ähnliche Besonderheiten können sich auch aufgrund von **kirchenrechtlichen (Sonder-) Regelungen** ergeben.

Wird der Auftraggeber beim Abschluss des Vertrags **durch einen Dritten vertreten**, so sollte der Auftragnehmer darauf drängen, dass ihm dessen Vollmacht nachgewiesen wird. So kann vermieden werden, dass der Vertag von einem nicht vertretungsbefugten Dritten unterschrieben wird.

Auch aus Sicht des Auftraggebers ist auf die eindeutige Festlegung des Vertragspartners zu achten, damit klar ist, **wer als Auftragnehmer auftritt.** Auch hier kann die Frage auftreten, ob der Auftragnehmer als natürliche Person auftritt oder in einer anderen Rechtsform organisiert ist. Häufig steht auf Auftragnehmerseite beispielsweise ein(e)
- Freier Architekt / Freie Architektin,
- Architektengemeinschaft,
- Architekten- und Ingenieurgemeinschaft,
- Arbeitsgemeinschaft,
- Architekten- /Ingenieurgesellschaft mit beschränkter Haftung,
- Architektenpartnerschaftsgesellschaft,
- Generalplaner,
- etc.

Hierauf im Detail einzugehen, würde den Rahmen dieses Handbuchs jedoch sprengen. Wichtig ist auch hier, den Vertragspartner so genau wie möglich im Vertrag zu benennen.

zu Ziffer 2:   Vertragsgegenstand

zu Ziffer 2.1:   Beauftragte Planungsleistungen für folgende(s) Gebäude

Hier ist in Kurzform festzuhalten,
- in welchem Ort,
- in welcher Straße,
- auf welchem Grundstück,
- welche Art von Gebäude mit
- welcher Zweckbestimmung
der Auftraggeber zu planen und realisieren beabsichtigt.

Bei Umbauten, Modernisierungs-, Instandsetzungs- und Instandhaltungsmaßnahmen sollte die bisherige Nutzung des bestehenden Gebäudes zusätzlich näher beschrieben werden.

zu Ziffer 2.2:   Beauftragte Planungsleistungen

Hier ist festzuhalten, ob es sich um eine Neubau-, Wiederaufbau-, Umbau- oder Modernisierungs-, Instandsetzungs- und/oder Instandhaltungsmaßnahme handelt.

In der Regel können bei Neubauten **keine**, bei Umbauten, Modernisierungen, Instandsetzungen und Instandhaltungen **sehr wohl Zuschläge** vereinbart werden.

Anbauten und Aufbauten werden in der HOAI gleichwertig unter den Begriff **Erweiterungsbauten** subsumiert. **Anbauten** sind i. d. R. wie **Neubauten** zu behandeln. Bei **Aufbauten** ist zu beachten, ob auf Grund dieser Baumaßnahmen in Konstruktion und/oder Bestand des bestehenden Gebäudes eingegriffen werden muss. Ist dieses der Fall, so kann unter Umständen die gesamte Erweiterungsmaßnahme als Umbaumaßnahme zu werten sein.

zu Ziffer 3:   Vertragsziel

zu Ziffer 3.1:   Zustandsbeschreibung des derzeitigen Baubestands

Bei Planen und Bauen im Bestand sollen dem Erkenntnisstand zum Zeitpunkt der Auftragserteilung entsprechend genau
* der Zustand des bestehenden Gebäudes beschrieben werden und es sollen
* die Gebäudeteile benannt werden, die
  * der Auftraggeber erhalten haben will oder die
  * aus Denkmalschutzgründen zwingend erhalten bleiben müssen.

zu Ziffer 3.2:   Kurzbeschreibung des zu planenden Gebäudes

5.

Vor Beginn eines Planungsprozesses ist es dem Auftraggeber oft noch nicht möglich, seine Vorstellungen klar und endgültig zu formulieren. Um das vom ihm gewünschte Werk und den damit vom Auftragnehmer werkvertraglich geschuldeten Erfolg eindeutig festzulegen, bedarf es zumindest bis zum Ende der **Vorentwurfsphase** der **aktiven Mitarbeit und fachlichen Zuarbeit des Architekten.** Die bis dahin vorerst groben Zielvorstellungen des Auftraggeber bilden die Leitlinie für die von Auftraggeber und Auftragnehmer gemeinsam weiter zu entwickelnden Planungs- und Realisierungsvorgaben. Hieraus sind vom Auftragnehmer Bedarfsprognosen zu erarbeiten und die wirtschaftliche sowie die rechtliche Machbarkeit zu prüfen.

> **Beispiel aus der Praxis:**
> Auf oben genanntem Grundstück soll ein Gebäude geplant und errichtet werden, das als Bürohaus und Forschungsstätte ein Dienstleistungszentrum für Jungunternehmer beinhaltet. Es soll in engem Kontakt zur Technischen Fachhochschule der Stadt stehen und eine ergänzende Lehr-Lern-Situation von Lehre, Forschung und Praxis ermöglichen. Das Gebäude soll abends der Erwachsenenbildung offen stehen. Die Parkplatzsituation kann dieser zeitlich versetzten Wechselnutzung Rechnung tragen. In gebautem Zustand hat es den in den Anlagen 3.3.1 bis 3.3.8 beschriebenen Vorgaben zu entsprechen.

zu Ziffer 3.3:   Konkrete Zielvorgaben des Auftraggebers
bei Auftragserteilung (Beschaffenheitskriterien)

Die unter Ziffer 3.2 grob formulierte Zielvorstellung des Auftraggebers muss so gut wie bei dem derzeitigen Kenntnisstand möglich konkretisiert werden und zwar anhand von
* Raumprogramm,
* Funktionsprogramm,
* Ausstattungsprogramm,
* Materialvorgaben,
* Gestaltungsvorgaben,
* Kostenvorgaben,
* Terminvorgaben,
* weiteren Vorgaben aus rechtlichen und bewirtschaftungsrelevanten Randbedingungen.

Es gehört zu den Aufgaben des Architekten, die unter Ziffer 3.3 formulierten **Zielvorgaben** des Auftraggeber im Verlauf der Vorentwurfsplanung bei zunehmendem Einblick in die Realisierbarkeit zu präzisieren, zu ergänzen und **gemeinsam** mit dem Auftraggeber **fortzuschreiben**. Am Ende der Vorplanung, die man aufgrund dessen als **Zielfindungsphase** bezeichnen sollte, hat das Vertragsziel eindeutig festzustehen, auf das der Architekt seine Planung und Bauleitung auszurichten hat. Die in der Zielfindungsphase definierten Vorgaben bilden den Maßstab dessen, was der Auftraggeber letztendlich als fertiges **Werk** (Gebäude, Bauwerk, Anlage) erwartet. Hieran wird bei der **Abnahme des Architektenwerks** die Übereinstimmung des vom Auftragnehmer erstellten Werks mit der vereinbarten, vom Auftraggeber erwarteten Beschaffenheit und damit letztlich der werkvertraglich **geschuldete Erfolg** des **Architekten** gemessen.

zu Ziffer 3.3.1: Raumprogramm

Im Raumprogramm soll der **Bedarf** an Räumen und deren **Größe** so genau, wie es in diesem frühen Stadium möglich ist, vom Auftraggeber vorgegeben werden.

zu Ziffer 3.3.2: Funktionsprogramm

Bei Bauaufgaben jeder Art, besonders aber bei komplexeren, beispielsweise bei Krankenhäusern, Wohn- und Geschäftshäusern, Schulanlagen, Dienstleistungszentren, also bei Bauaufgaben, die in einem Gebäude verschiedenartige Nutzungen beinhalten und/oder aus mehreren Gebäuden bestehen, sind der individuellen Aufgabenstellung entsprechend vom Auftraggeber Vorgaben zu machen, z.B.
• welchen Funktionen der Gesamtgebäudekomplex gerecht werden muss,
• wie die Lage der einzelnen Gebäude zueinander abgestimmt werden muss,
• welche Zusammenhänge und Zuordnungen innerhalb eines Gebäudes sichergestellt werden müssen.

Diese Vorgaben ergeben sich z.B. aus
• der Organisationsstruktur,
• dem Produktionsablauf,
• den Logistikzwängen des Fabrikationsunternehmens,
• dem Wohnungsgemenge,
• der äußeren Erschließung,
• dem Schutzbedürfnis der Wohnanlage,
• dem Sicherheitsbedürfnis z.B. des Botschaftsgebäudes,
• der Vermarktbarkeit in der Region,
• etc.

zu Ziffer 3.3.3: Ausstattungsprogramm

Hier ist vom Auftraggeber z.B. vorzugeben, ob
• bestimmte technische Anlagen, wie Rauchmeldeanlagen, Beschallungsanlagen, Fußbodenheizung, Be- und Entfeuchtungsanlagen, Fernmeldeanlagen, automatischer Sonnenschutz, Fernsehkameraüberwachung, Sicherheitsschleusen zur Ein- und Ausgangskontrolle etc. vorgesehen werden sollen,
• welche Räume wie möbliert werden sollen,
• etc.

zu Ziffer 3.3.4: Materialvorgaben

Manche Auftraggeber haben bestimmte Materialvorstellungen, die sie möglichst berücksichtigt haben wollen. Hier ist die Plattform, diese darzulegen, damit spätere Umplanungen vermieden werden können.

zu Ziffer 3.3.5: Gestaltungsvorgaben

Das zu den Materialvorstellungen des Bauherrn Gesagte gilt hier entsprechend.

zu Ziffer 3.3.6: Kostenvorgaben

Der Kostenrahmen einer Baumaßnahme ist einer der wichtigsten Eckpunkte im Rahmen der Beschaffenheitskriterien im Sinne des § 633 Abs. 2 S. 1 BGB, wird aber bei der Vertragsgestaltung nur selten beachtet. Dies hat oftmals weitreichende Folgen. Der Auftraggeber sollte seinen Kostenrahmen klar benennen. Der Auftraggeber sollte diesen im Zweifelsfall hinterfragen.

Werden seitens des Auftraggebers bei Vertragsbeginn **keine Kostenvorgaben** gemacht, so sollten die Kosten in Abhängigkeit von Raumprogramm und Materialwahl spätestens nach dem ersten Vorentwurfsansatz vom Auftragnehmer erarbeitet, dem Auftraggeber mitgeteilt und mit dessen Vorstellungen von
* Größe der Baumaßnahme und
* Qualität der Materialien
abgestimmt werden. Danach ist der optimale Finanzierungsrahmen vom Auftraggeber festzulegen.

Zeigt es sich im Lauf der Planung, dass diese Vorgaben nicht einhaltbar sind, hat der Architekt dem Auftraggeber umgehend Mitteilung zu machen, damit der neuen Situation beispielsweise entweder durch
* Anpassung der Planung an die vorgegebenen Kosten, etwa durch
  * Verkleinerung des Raumprogramms,
  * Reduzierung der Materialqualitäten,
  * Rationalisierung des geplanten Bauvorhabens oder
  * anderen geeigneten **Maßnahmen zur Einsparung von Kosten**,
  oder durch
* Anpassung der Kosten an die bisherige Planung durch **Aufstockung des Budgets**
Rechnung getragen wird.

5.

Die Entscheidung darüber, durch welche Maßnahmen die Vorstellungen über die Kosten mit denjenigen über das Bauvorhaben selbst in Einklang gebracht werden sollen, sollte im Interesse beider Vertragsparteien sorgfältig dokumentiert werden. Nur wenn im Vertrag wie auch im Verlauf der weiteren Planung klare Absprachen hinsichtlich der Kosten getroffen werden, lassen sich spätere Diskussionen darüber vermeiden.

zu Ziffer 3.3.7: Terminvorgaben

Eine Leistung ist das verwertbare Ergebnis aus **Arbeit in der Zeiteinheit**. Ist das **Werk** nicht in einer **angemessenen** Zeit fertig, kann der werkvertragliche Erfolg unter Umständen angezweifelt werden. Sollten Termine für den Auftraggeber wichtig sein, so sind diese hier aufzunehmen.

Beispiel aus der Praxis:
* Der Neubau eines Möbelhauses muss bis Oktober bezugsfertig sein, damit das Weihnachtsgeschäft noch „mitgenommen" werden kann.
* Das Fußballstadion muss zum Beginn der Weltmeisterschaft fertig sein.
* Der Umbau des Schulgebäudes kann nur in den großen Ferien erfolgen.

zu Ziffer 3.3.8: Weitere Vorgaben des Auftraggebers

Bei manchen Bauvorhaben bestehen schon vor Vertragsabschluß Erkenntnisse aus Voruntersuchungen oder Vorplanungen anderer Planer, beispielsweise Bodengutachten. Diese sind gegebenenfalls in den Vertrag einzubringen.

Auf Grund der neuesten Rechtsprechung aus dem Jahr 2004 ist es von absoluter Wichtigkeit, in den Vertrag diejenigen Vorstellungen des Auftraggeber einzubinden, die dieser als sogenannte **Teilerfolge** im Rahmen der Beauftragung ansieht.[1] Im Vertrag ist festzuhalten, was der Auftraggeber in welcher Form ausdrücklich übergeben haben will, so beispielsweise Unterlagen, die

- zur **Kontrolle der Leistungserfüllung** aller am Planungs- und Baugeschehen Beteiligten dienlich sind,
- die **Vergütungsverpflichtung** des Auftraggebers den ausführenden Firmen gegenüber eindeutig darlegen,
- die **Gewährleistungsfristen** aller Baufirmen erkennen lassen,
- die **Bewirtschaftung** des Gebäudes sicherstellen,
- eine spätere **Umbaumaßnahme** sinnvoll unterstützen können, z.B. Planungsunterlagen auf Datenträgern in einem ganz bestimmten Format.

zu Ziffer 3.4: Konkrete Zielvorgaben des Auftraggebers am Ende der Vorplanung (Beschaffenheitskriterien)

Normalerweise gibt der Auftraggeber im Rahmen eines Werkvertrags die Beschaffenheitsmerkmale des Werkes, das er bestellt, vor.

Da ein Bauherr jedoch in der Regel Laie auf dem Gebiet des Bauens ist, ist es ihm in den seltensten Fällen möglich, diese Beschaffenheitsmerkmale schon bei Erteilung des Auftrags an den Architekten so präzise zu formulieren, dass hiermit das Werk als endgültig beschrieben bezeichnet werden kann. Erst durch die im Laufe der Vorplanung gewonnenen Erkenntnisse können die Vorstellungen des Auftraggebers derart konkretisiert werden, dass danach das werkvertraglich zu erreichende Ziel endgültig festgelegt werden kann.

Im Sinne der (Rechts-)Klarheit ist den Parteien dringend anzuraten, die am Ende der Vorplanung konkretisierten Zielvorgaben sorgfältig zu dokumentieren.

zu Ziffer 3.5: Änderung des Vertragsziels

Dieser Eckpunkt der endgültigen Festlegung der Beschaffenheitskriterien des Werkes ist in Bezug auf die Honorarfrage fundamental wichtig.

Bis zur Fixierung des Vertragsziels muss der Architekt Alternativen nach gleichen Voraussetzungen im Rahmen seines (Grund-)Honorars der Leistungsphasen 1 und 2 erbringen.

Ändert der Auftraggeber nach diesem Zeitpunkt seine Zielvorstellungen, so sind die dadurch anfallenden Tätigkeiten des Architekten von der Honorarsystematik der HOAI laut § 3 Abs. 2 HOAI nicht erfasst und nicht mehr kostenlos zu erbringen. Das Honorar muss dann neu verhandelt werden.

---

1   BGH, Urteil vom 24.06.2004 – VII ZR 259/02, BauR 2004, 1640. Vgl. auch BGH, Urteil vom 11.11.2004 – VII ZR 128/03.

zu Ziffer 4:   Vertragsgrundlagen

Es ist nach Ansicht der Autoren für beide Parteien sinnvoll, **keine** Sondervereinbarungen zu treffen. Das deutsche Recht ist ausgewogen und garantiert ohne zusätzliche Vereinbarungen eine gerechte **Gleichbehandlung** der Vertragsparteien. Es ist aber beiden Parteien unbenommen, Sonderformulierungen einzubringen, die, wenn sie individuell vereinbart werden, die in der Regel Rechtskraft erlangen.

zu Ziffer 4.1:   Bürgerliches Gesetzbuch

Die für ein Werkvertragsverhältnis wie den Architektenvertrag maßgeblichen Normen befinden sich vorrangig in den §§ 631 ff. BGB.

zu Ziffer 4.2:   Honorarordnung für Architekten und Ingenieure (HOAI 2009)

Die HOAI 2009 ist seit dem 18.08.2009 in Kraft und ist zwingend anzuwenden und kann nicht abbedungen werden, wenn
* der in § 1 HOAI 2009 definierte **Anwendungsbereich** eröffnet ist,
* das Vertragsverhältnis Leistungen aus den in den Teilen 2 bis 4 der HOAI 2009 aufgeführten **Leistungsbildern** enthält und
* die **Grenzen** der **Honorartafelwerte** der jeweiligen Leistungsbilder nicht überschritten werden.

Die in der Anlage 1 zu § 3 Abs. 1 HOAI 2009 zusammengefassten sogenannten Beratungsleistungen unterliegen nicht mehr der preisrechtlichen Regelung der HOAI. Das Honorar hierfür kann frei verhandelt werden. Um für die Beratungsleistungen ausgewogene Honorare generieren zu können, ist es jedoch sinnvoll, die bewährte Regelungssystematik unter Beachtung der zu den jeweiligen Beratungsleistungen gehörenden neuen Honorartafeln der Anlage 1 der HOAI 2009 anzuwenden.

5.

zu Ziffer 4.2.1:   Bei Anrechenbaren Kosten bis 25.564.594 €/Gebäude

Der Regelfall, dass die HOAI **per Gesetz** in das Vertragsverhältnis **eingreift**, ist dann gegeben, wenn sich aus den Herstellungskosten eines Gebäudes unter Beachtung des Kostenzuordnungsschemas auf der Grundlage der DIN 276 Ausgabe Dezember 2008 die **Anrechenbaren Kosten bis zur Höhe von 25.564.594,00 €** errechnen lassen.[2]

Es hat sich seit Einführung der HOAI gezeigt, dass diese in Verbindung mit den Normen des BGB ein für die Abwicklung eines typischen Architektenvertrags sehr **ausgewogenes Regelwerk** darstellt. Die HOAI soll Klarheit bei der Berechnung des vertragsgerechten Honoraranspruchs des Architekten bewirken.

zu Ziffer 4.2.2:   Bei Anrechenbaren Kosten über 25.564.594 €/Gebäude

Ist bei den **Anrechenbaren Kosten die Grenze von 25.564.594 € überschritten**, so greift die HOAI in diesem Vertragsverhältnis nicht mehr per Gesetz. Um aber für beide Parteien Klarheit und Rechtssicherheit in der Honorarbestimmung zu erhalten, ist es sehr anzuraten, die HOAI **durch individuelle Vereinbarung** in dieses Vertragsverhältnis fest einzubinden. Dieses kann sinnvoll dadurch geschehen, dass man die begrenzten Tabellenwerte des § 34 HOAI durch die **Vereinbarung** einer erprobten und bewährten **Erweiterungstabelle**, beispielsweise der Honorartabellen der Richtlinien der Staatlichen Vermögens- und Hochbauverwaltung Baden-Württemberg (**RiFT**), Stand August 2009,[3] ergänzt und vereinbart, dass in Verbindung mit dieser Ergänzung die Regelungen der HOAI weiterhin in Gänze Gültigkeit haben sollen.

---

2   Dies ergibt sich aufgrund der Honorartafelgrenze des § 34 HOAI.
3   Die aktuellen erweiterten RiFT-Honorartabellen sind unter www.rift-online.de im Internet abrufbar.

Somit gilt dann auch die gesamte **Systematik der HOAI** mit allen ihren rechtlichen Konsequenzen, wie

* Schriftformerfordernis für bestimmte Vereinbarungen,
* Bindung gewisser Vereinbarungen an den Zeitpunkt der Auftragserteilung,
* Mindest- und Höchstsatzgrenzen,
* Konditionen für Honorarzonen,
* Konditionen für Umbauzuschlag,
* Nebenkostenvereinbarungen,
* etc.

wodurch Auftraggeber und Auftragnehmer alle verpflichtenden und schützenden Regelungen der HOAI in der Abwicklung des betreffenden Vertrags zur Verfügung stehen.

Besonders in **Grenzfällen**, wenn bei der Vertragsgestaltung noch nicht exakt feststeht, ob die Anrechenbaren Kosten unter oder über 25.564.594 € liegen können, ist eine solche Vereinbarung wichtig.

zu Ziffer 5:   Vertragsumfang

Grundsätzlich ist es sinnvoll, den Auftrag **an einen Auftragnehmer zu vergeben** und ihn mit der gesamten Verantwortung zu betrauen. Allein das garantiert dem Auftraggeber, dass es später nicht zu Abgrenzungsschwierigkeiten kommt,

* wer,
* wofür,
* aus welchem Grund,
* in welchem Umfang

ihm gegenüber haftet.

Es kann jedoch in Einzelfällen Gründe dafür geben, den Architektenvertrag in Einzelteilen an mehrere Auftragnehmer zu vergeben. Damit sind allerdings Reibungsverluste vorprogrammiert.

zu Ziffer 5.1:   Vollbeauftragung

In der Vergangenheit hat man einen nicht exakt definierten Vertrag, z. B. eine mündliche oder konkludent abgeschlossene Beauftragung, unkritisch dahingehend ausgelegt, dass der Architekt durch diesen automatisch auch nach Abnahme des Gebäudes zu der weiteren Überwachung etwaiger versteckter Mängel verpflichtet sei. Diese Ansicht wurde unreflektiert aus dem Preisrecht in das allgemeine Vertragsrecht übernommen. Dies deshalb, da die HOAI diese Nacharbeit des Auftragnehmers mit der Leistungsphase 9 des § 33 HOAI 2009 in den 100%-igen Werklohn mit einbezieht. Die Tatsache, dass diese Nachsorgetätigkeiten von der in der HOAI 2009 definierten Vergütung, die den Werklohn darstellt, abgedeckt sind, macht diese Arbeitsschritte nicht zu Teilen von typischen Werkvertragspflichten. Unter Umständen kann es den Interessen beider Vertragsparteien entsprechen, das Vertragsverhältnis von vornherein auf die Leistungen bis einschließlich der Objektbetreuung zu beschränken.

zu Ziffer 5.2:   Beauftragung in sinnvoll abgerundeten Leistungspaketen

Den Umfang einer Beauftragung individuell zu bestimmen, bleibt dem Auftraggeber grundsätzlich vorbehalten. Eine Vollbeauftragung birgt für den Auftraggeber das Risiko, bei unvorhersehbaren Ereignissen der Situation entsprechend nicht flexibel genug handeln zu können. Zwar hat er nach § 649 BGB das Recht, den Auftragnehmer jederzeit kündigen zu können, doch löst eine solche freie Kündigung die bestehende Vertragsituation nur selten zufriedenstellend. Je nach baurechtlicher oder finanzieller Lage kann es für den Bauherrn daher sinnvoll sein, den Architekten nur in überschaubaren Etappen zu beauftragen.

zu Ziffer 5.2.1:   Bis zur Erstellung des Gebäudes

Soll ein Architektenvertrag in Teilverträge aufgeteilt werden, so ist auf **sinnvolle Zäsuren** zu achten, die jeweils mit einem markanten **Eckpunkt** im Gesamtplanungsprozess enden. An diesem muss das **Ziel**, der bis dahin werkvertraglich geschuldete **Erfolg**, eindeutig auszumachen sein.

Eckpunkt 1 ist das **Ergebnis aus der Vorplanungsphase.** Hier wird das vom Auftraggeber bis dahin meist nur grob vorgegebene Vertragsziel nach fachlicher Vorplanungsarbeit des Planers in Bezug auf

- Gestalt,
- Materialien und
- Kosten

zum ersten Mal konkret definiert. An dieser noch zu präzisierenden Zielvorstellung, die im Abstimmungsbesprechungsprotokoll festgeschrieben wird, ist letztendlich die Sollbeschaffenheit des Architektenwerks zu messen.

Eckpunkt 2 ist das **Ergebnis aus der Entwurfsphase.** Die nach der Vorplanungs- bzw. Zielfindungsphase weiter ausgearbeitete Entwurfsplanung

- beinhaltet alle dem Auftraggeber wichtigen Gesichtspunkte,
- ist zusätzlich den landesrechtlichen Planvorlagebestimmungen gemäß aufgearbeitet und
- in der Regel den Genehmigungsbehörden vorgelegt.

Dieses Planungsstadium bildet die Entscheidungsplattform, auf der der Auftraggeber nach Erteilung des Baugenehmigungsbescheids klar und sicher entscheiden kann, ob er diese Planung realisieren möchte.

5.

Eckpunkt 3 ist das **Ergebnis aus der Realisierungsplanungsphase.** Das Ergebnis aus der Realisierungsplanungsphase ist in der Regel durch

- Pläne,
- exakte Leistungsbeschreibungen,
- eingeholte Kostenangebote und
- vorbereitete Unternehmerverträge

derart aufbereitet, dass danach mit der Realisierung des Werks, des Bauwerks, begonnen werden kann.

Eckpunkt 4 ist das **fertige Werk** (Bauwerk, Gebäude). Der vom Architekten werkvertraglich geschuldete Erfolg ist dann herbeigeführt und der Architektenvertrag erfüllt, wenn

- das Werk (Bauwerk, Gebäude) so beschaffen ist, wie der Auftraggeber es in Ziffer 3.3 des Vertrags bestimmt hat,
- dem Auftraggeber alle Unterlagen übergeben worden sind, die er
  - zur Überprüfung der werkvertraglichen Verpflichtungen der am Planungs- und Bauprozess Beteiligten und
  - für die sofortige und auch spätere Bewirtschaftung des Gebäudes

benötigt.

Es soll an dieser Stelle aber darauf hingewiesen werden, dass es den Vertragsparteien selbstverständlich offen steht, andere Planungspakete zu packen. Größte Aufmerksamkeit ist in diesem Fall aber darauf zu richten, den dann **geschuldeten Erfolg** des Architekten derart **werkvertragsgerecht individuell zu beschreiben**, dass daran die Abnahme des Architektenwerks festgemacht werden kann.

zu Ziffer 5.2.2:   Nach Erstellung des Gebäudes

Sofern beauftragt, darf der Auftraggeber erwarten, dass der Architekt nach Errichtung des Gebäudes auch die Beseitigung der Mängel, die innerhalb der ersten **4 Jahre** seit der Abnahme der Bauleistungen auftreten, überwacht. Da diese Tätigkeit von dem HOAI-konformen (Grund-)Honorar abgedeckt ist und im Rahmen des Werkvertrags von Vorentwurf bis Bauleitung inklusive aber nur 97 % eines vollen Auftrags beauftragt wurden, ist für diesen Arbeitsteil ein Honorar in Höhe von 3 % des vollen Honorars als Bemessungsgrundlage anzusetzen. Sofern der Auftraggeber wünscht, dass der Auftragnehmer die Überwachung der Mängelbeseitigung länger als 4 Jahre vornimmt, ist dies nicht mehr mit dem (Grund-) Honorar abgegolten.

zu Ziffer 5.3:   **Entbindung von einzelnen Planungspflichten**

Dem Auftraggeber ist es überlassen, ob er dem Auftragnehmer einen vollen Auftrag erteilt oder ob er ihn nur mit Teilen davon beauftragt. So kann er einzelne Arbeitsschritte sich selbst vorbehalten oder diese einem Dritten übertragen. Hierbei ist das Honorar gemäß **§ 8 HOAI 2009** zu mindern.

zu Ziffer 5.4:   **Beauftragung besonderer Leistungen**

Ist es aufgrund der durch den Auftraggeber vorgegeben Aufgabenstellung dem Auftragnehmer nicht möglich, den Vertrag allein mit den in **Anlage 11 zu § 33 HOAI 2009** aufgezählten Leistungen zu erfüllen, so ist es unumgänglich, dass weitere Arbeit vom Auftragnehmer erbracht werden muss, deren Vergütung **nicht** vom (Grund-)Honorar abgedeckt ist. Für diese besonderen Leistungen ist ein Zusatzhonorar zu vereinbaren.

zu Ziffer 5.5:   **Beauftragung zusätzlicher Leistungen**

Gibt der Auftraggeber auch Leistungen in Auftrag, die nichts mit dem eigentlichen Entstehenlassen des gewünschten Gebäudes zu tun haben, beispielsweise
- Abgeschlossenheitserklärung,
- Teilungspläne,
- Zuarbeit für einen Werbeprospekt für die Vermarktung des Gebäudes,
- Nachweis der Erdbebensicherung,
- Werkstattzeichnungen,
- Durchführen von Modellversuchen,
- Erarbeiten der Wartungsplanung, etc.,

so sind hierfür **Honorarvereinbarungen völlig frei** und unabhängig von der HOAI zu treffen.

zu Ziffer 5.6:   **Beauftragung aus anderen Leistungsbildern der HOAI**

Beauftragt der Auftraggeber den Auftragnehmer auch mit Aufgaben, die nicht in seinem, sondern in anderen Leistungsbildern der HOAI 2009 beschrieben sind,[4] so ist hierfür ein eigenständiges Honorar nach den Teilen der HOAI 2009 zu vereinbaren, die die Vergütung der entsprechenden Leistungsbilder regeln.

zu Ziffer 5.7:   **Änderungen des Vertragsumfangs**

Wie bei den oben beschriebenen Änderungen des Vertragsziels gilt auch für Veränderungen des Vertragsumfangs, dass diese nicht vom einmal vereinbarten (Grund-)Honorar abgegolten sind. Ändert der Auftraggeber nachträglich den Vertragsumfang, so sind die dadurch anfallenden Tätigkeiten des Architekten von der Honorarsystematik der HOAI laut § 3 Abs. 2 HOAI und dem ursprünglich geschlossenen Vertrag nicht erfasst. Das Honorar muss dann neu verhandelt werden.

---

4   Dies kann beispielsweise dann der Fall sein, wenn der Architekt als Generalplaner tätig wird und die Tragwerksplanung und der Technischen Ausrüstung von seinem Auftrag umfasst ist.

zu Ziffer 6:   Vertragsverpflichtungen des Auftragnehmers

Ziffer 6 des Vertrags ist das Kernstück des vorliegenden werkvertragsgerechten Architektenvertrags. Hierin ist im ersten Teil die **Aufgabenstellung an den Auftragnehmer derart beschrieben**, dass danach das **Werk des Architekten abgenommen werden kann**. Allein diese erfolgsbezogene Beschreibung des jeweilig zu erreichenden Ziels kann Klarheit schaffen, was der Auftraggeber vom Auftragnehmer erwarten kann und darf und was einen ganz bestimmten Honoraranspruch auslöst. Genau diese Zielbeschreibung fehlt in allen bisher gängigen Architektenvertragsmustern. Dies führt in Honorarprozessen oftmals zu abwegigen Behauptungen sowie zu Meinungsverschiedenheiten der streitenden Parteien darüber, was eigentlich in Auftrag gegeben worden sei. Die Folge ist, dass die meisten Honorarprozesse mit einem den wahren Honoraranspruch unterschreitenden Vergleich enden.

zu Ziffer 6.1:   Stufe 1: Vorentwurfsplanung (Zielfindungsphase)

zu Ziffer 6.1.1:   Der werkvertraglich geschuldete Erfolg

Es sind vom Auftragnehmer **nicht**, wie so oft unkritisch angenommen, die **einzelnen Arbeitsschritte** aus den Leistungsphasen 1 und 2 des § 33 HOAI geschuldet, sondern einzig und allein ein aus dieser Arbeit **bewirktes Ergebnis**, anhand dessen erkennbar ist, ob das vom Auftraggeber gewollte Werk hiermit zielgerecht erreicht werden kann. Nach neuerer, nicht nur nach Ansicht der Autoren mit Recht umstrittener,[5] Rechtsprechung des BGH vom 24.06.2004 und 11.11.2004,[6] sind die früher als Grundleistungen bezeichneten, seit der HOAI 2009 die in Anlage 11 aufgeführten (Grund-)Leistungen aus den Leistungsbildern der HOAI als **Teilerfolge** geschuldet, sofern sie ausdrücklich als Vertragsbestandteil in den Vertrag eingegangen sind oder der Vertrag zumindest dahingehend auszulegen ist. Diesem **nicht werkvertragsgerechten Einfordern von einzelnen Arbeitsschritten**, welches keine Rücksicht darauf nimmt, ob die betroffenen Einzeltätigkeiten im Einzelfall auch tatsächlich erforderlich sind oder nicht, kann und muss durch klare und eindeutige Vertragsgestaltung Rechnung getragen werden. Dies kann dadurch geschehen, dass in den **Ziffern 3.3.1 bis 3.3.8** dieses Vertrags, was in individuell gestalteten Verträgen entsprechend möglich ist, das zu erreichende **Ergebnis** aus der Arbeit des Architekten, d.h. das **Architektenwerk** selbst und nicht die einzelnen Arbeitsschritte, die der Architekt bei der Erstellung seines Werkes gehen muss, beschrieben wird. Nur so sind die durch die neuere BGH-Rechtsprechung zu erwartenden fatalen Auswirkungen in Form von Honorarabzügen wegen einzelner, angeblich nicht erbrachter Teilleistungen, in zukünftigen Honorarprozessen vermeidbar.

Der Architekt, der in Zukunft seinen Architektenvertrag weiterhin in Anlehnung an die Leistungsbilder der HOAI unter Nennung der (Grund-)Leistungen der Anlage 11 HOAI 2009 formuliert, wird sich im Honorarprozess vor Ungereimtheiten und ungerechten Honorarminderungen nicht schützen können. Aus diesem Grund ist es sinnvoll, die entsprechenden Begrifflichkeiten aus der HOAI und insbesondere den Bezug auf die Leistungsphasen der HOAI ganz zu meiden.

Sollte der Auftraggeber auf Benennung dieser Arbeitsschritte in dem Vertrag bestehen, so kann klargestellt werden, dass der Planer das **Ergebnis aus diesen Tätigkeiten**, nicht die einzelnen Tätigkeiten selbst, schuldet. Sofern auch dies nicht realisierbar ist, kann formuliert werden, dass die (Grund-)Leistungen nur geschuldet sind, soweit sie **zur Erfüllung des Architektenvertrages erforderlich** sind. Dies wäre werkvertragsgerecht und akzeptabel. Auch die Auftraggeberseite ist dadurch nicht schlechter gestellt, da sie, sofern das Werk mangelfrei ist, den Gegenwert der Arbeit des Architekten erhält. Dieser Gegenwert ist unabhängig davon, ob der Architekt einzelne, nicht erforderliche Teilleistungen eventuell nicht erbracht hat. Er ist auch unabhängig davon, ob der Architekt die erforder-

5   Siehe Kommentierung des BGH-Urteils vom 24.06.2004 im Seminarskript von Prof. Dr. Motzke: „Zur Manko-Haftung im Planervertrag – die HOAI und der Planervertrag nach einer Wende der Rechtsprechung?"

6   BGH, Urteil vom 24.06.2004 – VII ZR 259/02, BauR 2004, 1640. sowie BGH, Urteil vom 11.11.2004 – VII ZR 128/03.

lichen Leistungen im Rahmen eines 8-Stunden-Tags erbracht hat oder rund um die Uhr dafür arbeiten musste.

Die **Beschaffenheitskriterien** des zu erwartenden **Ergebnisses aus der Vorplanungsarbeit** des Auftragnehmer sind in Ziffer 6.1.1 dieses Vertragsmusters derart beschrieben, dass das **Werk des Architekten** bis zu diesem Planungsstadium im Sinne des Werkvertragsrechts **abnehmbar** wird. Die Abnahme des Werks ist der Eckpfeiler im Werkvertragsrecht und für den Auftragnehmer grundsätzlich unverzichtbar. Nur wenn die gewünschte Beschaffenheit des Werkes **durch die Abnahme** bestätigt ist, kann von ihm

- einerseits der Vertrag insoweit als erfüllt nachgewiesen und
- andererseits der Honoraranspruch begründet und fällig gestellt werden.

zu Ziffer 6.1.2: Darstellungsmittel für Stufe 1

Planung besteht immer aus **drei Komponenten:**
1. den **Plänen**, in denen die Planungsidee zeichnerisch dargestellt ist,
2. der **Baubeschreibung**, in der die zu verwendenden Materialien und deren Qualitäten dargelegt werden und
3. der **Kostenaussage**, die sich ergibt
   - aus der **Größe des Gebäudes** (siehe Pläne) und
   - aus dem **Qualitätsgrad der Materialien**, nach denen das Gebäude errichtet werden soll (siehe Baubeschreibung).

Fehlt bei der Vorstellung der Planung einer dieser drei Eckpfeiler, so ist der Auftraggeber nicht sinnvoll und umfassend informiert und kann möglicherweise wichtige Entscheidungen nicht treffen. Erkennt er zum Beispiel bei einer Planungsbesprechung, dass ein bestimmter Bereich unzureichend, beispielsweise zu klein geplant ist, so hat eine Vergrößerung mit Sicherheit Mehrkosten zur Folge. Sollen aber dennoch die Kosten beibehalten werden, so geht dies nur durch Reduzierung der Materialqualitäten. An diesem Beispiel wird klar, dass alle drei Planungsaussagen,
- Pläne,
- Materialbeschreibung und
- Kosten
immer nur im engsten Kontext gesehen werden können.

Die Autoren möchten aufgrund ihrer fast 30-jährigen Gerichtserfahrung dringend anraten, dass jedes Planungsstadium und auch jeden Änderungswunsch des Bauherrn, sei er auch noch so klein, grundsätzlich immer mit Plan, Beschreibung und Kosten zu belegen und dem Auftraggeber vorzustellen. Nur so kann das Planungsgeschehen samt aller seiner Konsequenzen auch später nachvollzogen werden.

Um dem Auftraggeber die Planung der Vorentwurfsphase vorzustellen, sind erfahrungsgemäß die unter Ziffer 6.1.2 des Vertrags aufgezeigten **Darstellungstechniken** sinnvoll. Der Genauigkeitsgrad in dieser Planungsaussage muss erkennen lassen, ob mit dem Planungsansatz das vom Auftraggeber gewollte Ziel erreichbar ist. Gegebenenfalls ist die bei Auftragserteilung vorgegebene Zielvorstellung des Auftraggebers am Ende der Zielfindungsphase zu korrigieren und zu ergänzen.

zu Ziffer 6.2   Stufe 2: Entwurfsplanung

zu Ziffer 6.2.1   Der werkvertraglich geschuldete Erfolg

Dieses Planungsstadium bedarf einer **größeren Planungstiefe** und eines weitaus **höheren Genauigkeitsgrads** als die Planungsphase zuvor, da der Bauherr am Ende der Entwurfsarbeit wesentliche Entscheidungen zu treffen hat, so beispielsweise ob

- er die vom Architekten berechneten Kosten überhaupt finanzieren will und kann,
- die Planung zur Baugenehmigung eingereicht werden und
- die weitergehende Realisierungsplanung begonnen werden soll.

Deshalb ist die Planung derart aufzubereiten, dass darin alle **für den Bauherrn wichtigen Entscheidungskriterien** erkennbar sind.

zu Ziffer 6.2.2   Darstellungsmittel für Stufe 2

Auch hier gilt, dass grundsätzlich erst die
- Pläne,
- Materialbeschreibung und
- Kosten

in Ergänzung zueinander das komplette Planungspaket ausmachen, so wie es dem Auftraggeber vorgestellt werden soll. Der in Ziffer 6.2.2 aufgezeigte Genauigkeitsmaßstab ist aus Erfahrung ausreichend.

zu Ziffer 6.3   Stufe 3: Realisierungsplanung

zu Ziffer 6.3.1   Der werkvertraglich geschuldete Erfolg

Dieses Planungsstadium ist schwerpunktmäßig auf die **Informationsbedürfnisse der bauausführenden Firmen** ausgerichtet. Selbstverständlich sind alle diese Planungsaussagen vorher auch dem Auftraggeber vorzulegen, da er hieran Details der Bauausführung erkennen und gegebenenfalls jetzt noch Weichen stellen kann.

Diese Planungsphase ist erst als vertragsgerecht erfüllt anzusehen, wenn alle zukünftigen Bauabläufe anhand von Plänen und detaillierten Leistungsbeschreibungen in Mengen, Materialien und Qualitäten erfasst sind und die dabei zu erwartenden Baukosten in der Regel von den Baufirmen eingeholt, geprüft und zu einem Kostenanschlag ausgearbeitet worden sind.

Es ist mit Nachdruck auf einen in dieser Planungsphase immer wieder auftauchenden Missstand hinzuweisen:

Wenn der Auftraggeber in Erwägung zieht, für die Ausführung seines Bauvorhabens einen Generalunternehmer zu beauftragen, so sollte dennoch von der Erstellung einer sogenannten Generalunternehmerausschreibung, die meist keine Einheitspreise ausweist, Abstand genommen werden. Die Autoren warnen vor solchen Ausschreibungen, die dem Architekten diesen Planungsschritt zwar unter Umständen anfangs etwas erleichtern, aber im späteren Baugeschehen in der Regel nur Unannehmlichkeiten verursachen.

> Beispiel aus der Praxis:
> Ein Bauauftrag wird einem Generalunternehmer zu seinem Angebotspreis von pauschal 13.500.000 € vergeben. Es kommt im Laufe der Bauausführung zu Änderungswünschen des Bauherrn. Diese werden nachträglich vom Architekten eingeplant und dem Generalunternehmer vorgelegt, der diese vor Beauftragung preislich anbieten soll.

Für den Bauherrn ist dieses Nachtragsangebot nicht kontrollierbar, da ein Vergleich zu den Kosten der Urkalkulation wegen fehlender Einheitspreise nicht möglich ist.

zu Ziffer 6.3.2   Darstellungsmittel für Stufe 3

Diese ergeben sich aus dem **Informationsbedürfnis**
- **des Bauherrn** in Bezug auf für ihn wichtige Details und
- **der bauausführenden Firmen**, welches jedoch je nach deren jeweiliger Professionalität stark schwanken kann.

zu Ziffer 6.4   Stufe 4: Objektüberwachung

zu Ziffer 6.4.1   Der werkvertraglich geschuldete Erfolg

Geschuldet sind im Rahmen der Objektüberwachung
* das **Entstehenlassen des mangelfreien Bauwerks**, wie
  * der Auftraggeber es nachvollziehbar gewünscht (siehe Ziffer 3.3.1 – 3.3.8),
  * der Auftragnehmer es vertragsgerecht geplant und
  * die Baubehörde es genehmigt hat,
* alle **Unterlagen**, anhand derer der Auftraggeber
  * die Pflichterfüllung aller am Baugeschehen Beteiligten sowie
  * seine eigenen Verpflichtungen den ausführenden Firmen gegenüber erkennen und
  * sein Bauvorhaben nach Errichtung und in der Folgezeit sinnvoll bewirtschaften kann.

Diesem Ergebnis setzt die **HOAI 2009** laut § 33 einen Honoraranteil von **97 %** eines Vollauftrags entgegen.

zu Ziffer 6.4.2   Darstellungsmittel für Stufe 4

Diese sind im Vertrag umfassend beschrieben.

zu Ziffer 6.5   Stufe 5: Objektbetreuung und Dokumentation

zu Ziffer 6.5.1   Die geschuldete Tätigkeit

Der Architekt verpflichtet sich,
* die Arbeiten der einzelnen Gewerke vor Ablauf der jeweiligen Gewährleistungsfristen auf Schadensfreiheit vor Ort zu kontrollieren und ggf. die Beseitigung aufgetretener Mängel zu überwachen und
* die zeichnerischen und rechnerischen Unterlagen zusammenzustellen und diese, sofern der Auftraggeber diese noch nicht in seinem Besitz hat, ihm zu übergeben.

Die **HOAI 2009** stellt für diese Betreuungsmaßnahmen einen Honorarbetrag in Höhe von 3 % eines Vollauftrags ein.

zu Ziffer 7   Vertragsverpflichtungen des Auftraggebers

Die Verpflichtungen des Auftraggebers im Rahmen eines Werkvertrags erschöpfen sich nicht allein in seiner Vergütungsverpflichtung. Sie sind vielfältiger Art und fallen über den gesamten Zeitablauf des Vertragverhältnisses an.

zu Ziffer 7.1   Verpflichtung zur Vorgabe der konkreten Zielvorstellung

Es ist gängige Rechtsprechung, dass bei Beendigung des Werkvertrags und vor Abnahme des Werks im Zweifel der Auftragnehmer beweisen muss, dass er den werkvertraglich geschuldeten **Erfolg herbeigeführt** hat und das **Werk so beschaffen** ist, wie der Auftraggeber es **bestellt** hat. Doch zu dieser Beweisführungspflicht gehört zwingend, dass die Parameter, anhand derer später das Werk zu bemessen ist, als **Beschaffenheitskriterien** vom Auftraggeber vorgegeben und **Vertragsbestandteil geworden** sind. Nur an eindeutig bestehenden Vertragskonditionen kann sich der Auftragnehmer orientieren und den von ihm zu erreichenden Erfolg ausrichten.

Gibt es **kein schriftliches** Vertragsverhältnis, so ist es oft geübte Praxis der Auftraggeberseite, in einem späteren Honorarprozess zu behaupten,

* „Die Baukosten hätten nicht mehr als 500.000 € sein dürfen!"
* „So habe ich das Bauvorhaben nicht gewollt, denn es ist viel zu groß!"
* „Ich wollte keinen hellgelben, sondern einen blassblauen Außenputz!"

Nicht selten sieht sich der Architekt nun in der Pflicht, zu beweisen, dass
* der Auftraggeber kein Kostenlimit von 500.000 € vorgegeben hat,
* das Haus nicht zu groß geplant wurde und
* er einen hellgelben Außenputz hat ausführen lassen dürfen.

Dies zeigt, wie wichtig klare vertragliche Regelungen sind, durch die derartige Diskussionen von vornherein ausgeschlossen werden können – und dies zur Sicherheit beider Vertragsparteien.

Es ist der Auftraggeber, der primär etwas will, etwas herstellen oder verändern lassen will. Deswegen geht er überhaupt ein Vertragsverhältnis ein. Es ist sein Recht, das **WAS** und **WIE** zu benennen und ein Werk zu erwarten, das exakt **seinen Vorgaben entspricht**. Doch die Rechte des Auftraggebers ergeben sich allein aus dem geschlossenen Vertragsverhältnis, innerhalb dessen der Auftragnehmer verbindlich zur Einhaltung ganz gewisser Konditionen, ganz bestimmter Beschaffenheitskriterien des zu erstellenden Werks verpflichtet worden ist. Somit ist der Auftraggeber verpflichtet, seine Vorstellungen über die Beschaffenheit des einerseits von ihm gewünschten und andererseits vom Auftragnehmer zu schaffenden Werks von Anfang an und so gut, wie es ihm zu diesem Zeitpunkt möglich ist, nachvollziehbar darzulegen und rechtsverbindlich in den Vertrag einzubringen.

Der Auftraggeber hat damit die **Möglichkeit**, vor und bei der Vertragsgestaltung seine Wünsche darzustellen, und sogar die **Pflicht** hierzu, **sofern er später auf die Einhaltung gewisser Details bestehen dürfen und können will**. Seine Wunschvorstellungen können zwar noch während der Laufzeit des Vertrags modifiziert, präzisiert und ergänzt werden, doch muss dafür Sorge getragen werden, dass diese Änderungen gegenüber dem Stand bei Vertragsschluss auch im Nachhinein Vertragsbestandteil werden. Für die spätere Behauptung, es sei ein **Anderes** oder ein **Mehr** gegenüber den im Zeitpunkt der vertraglichen Bindung schriftlich fixierten Beschaffenheitskriterien eines Werkes geschuldet, muss derjenige den Beweis führen, für den die Auswirkungen dieser Behauptungen positiv sind.

Gibt der Auftraggeber bei Vertragsschluss **nicht** alle für ihn wichtigen Beschaffenheitskriterien des Werks eindeutig und nachvollziehbar vor und hat er es versäumt, nachträgliche Änderungswünsche rechtsgültig und für den Auftragnehmer verbindlich in das Vertragsverhältnis einzubinden, hat er u.U. für ihn wichtige Bestimmungsrechte aufgegeben und seine Chance vertan, später bei der Abnahme auf ganz bestimmten Details und Eigenschaften des geschuldeten Werks zu bestehen.

Diese Sichtweise beruht auf § 633 **BGB**:

> § 633 Sach- und Rechtsmangel.
> (1) Der Unternehmer hat dem Besteller das Werk frei von Sach- und Rechtsmängeln zu beschaffen.
> (2) Das Werk ist frei von Sachmängeln, wenn es die vereinbarte Beschaffenheit hat. Soweit die Beschaffenheit nicht vereinbart ist, ist das Werk frei von Sachmängeln,
> 1. wenn es sich für die nach dem Vertrag vorausgesetzte, sonst
> 2. für die gewöhnliche Verwendung eignet und eine Beschaffenheit aufweist, die bei Werken der gleichen Art üblich ist und die der Besteller nach der Art des Werkes erwarten kann.
> [...]

Hierin heißt es unmissverständlich, dass der Auftraggeber die Beschaffenheit des Werkes erwarten darf, die **vereinbart** wurde. Hat er keine konkreten Eigenschaften vorgegeben und sind solche damit nicht ausdrücklich in das Vertragsverhältnis als Beschaffenheitskriterien eingegangen und als geschuldet vereinbart, so kann der Auftraggeber keine konkreteren als nur die bei Werken gleicher Art üblichen Eigenschaften erwarten.

5.

zu Ziffer 7.2   Verpflichtung zur Fortschreibung der Zielvorstellung

Da der Auftraggeber in der Regel **kein Baufachmann** ist und somit in vielen Fällen bei der Vertragsgestaltung noch nicht alle seine Wünsche, die er an das Gebäude hat, präzise formulieren kann, ist er verpflichtet, bei fortschreitendem Planungsstand seine Zielvorstellungen unter Mithilfe seines Architekten den jeweiligen neuen Planungserkenntnissen entsprechend zu konkretisieren und ggf. anzupassen. Planen ist ein dynamischer Prozess und erst durch ihn und in ihm wird die Zielvorstellung des Auftraggebers je nach fortschreitendem Planungsstand deutlicher. Ist erkennbar, dass die ersten Vorgaben nicht ausreichend sind, um das Werk eindeutig zu definieren, so muss hier nachgebessert und präzisiert werden.

zu Ziffer 7.3   Verpflichtung zur Kontrolle während des Planungs- u. Bauprozesses

Der Auftraggeber hat das Recht, durch seinen Architekten fortlaufend und vollständig informiert zu werden, damit er während des Planungs- und Baugeschehens zu jeder Zeit in der Lage ist, in seinem Sinn Korrekturen an seiner Zielvorstellung sowie an der Aufgabenstellung des Planers vornehmen zu können. Ebenso hat der Auftragnehmer aber auch das Recht, von seinem aufgeklärten Auftraggeber zu jeder Zeit zu erfahren, ob dieser mit dem bisher Erarbeiteten einverstanden ist und ob das Planungs- und/oder Baugeschehen in seinem Sinne verläuft. Die Meinung des Auftraggebers soll aus Rechtssicherheitsgründen nachvollziehbar in Besprechungsprotokollen festgehalten werden.[7]

zu Ziffer 7.4   Vergütungsverpflichtung

Der Werkvertrag führt zu einer gegenseitigen, in der Regel gleichwertigen Verpflichtung von Auftraggeber und Auftragnehmer.

Zitat:
BGB § 631 Vertragstypische Pflichten beim Werkvertrag.
(1) Durch den Werkvertrag wird der Unternehmer zur Herstellung des versprochenen Werkes, der Besteller zur Entrichtung der vereinbarten Vergütung verpflichtet. [...]

Es verpflichtet sich somit

- der Architekt, das Werk, das Bauwerk, wie vom Bauherrn vorgegeben und gewünscht zu planen und seine Herstellung zu überwachen,
- der Bauherr, das vereinbarte Honorar zu zahlen.

Wie der Bauherr mangels konkreter Beschaffenheitsvereinbarung kein außergewöhnliches Bauwerk erwarten kann, kann der Architekt ohne vertragliche Vereinbarung über die Höhe seiner Vergütung letztendlich nur das Honorar erwarten, das bei Bauvorhaben gleicher Art üblich ist. Dies gilt auch für den Fall, dass zwar eine **Honorarvereinbarung** getroffen wurde, diese aber entweder ungenau oder nicht rechtsgültig ist.

Auch dieser Umstand basiert auf den Regelungen des BGB:

Zitat:
BGB § 632 Vergütung.
(1) Eine Vergütung gilt als stillschweigend vereinbart, wenn die Herstellung des Werkes den Umständen nach nur gegen eine Vergütung zu erwarten ist.
(2) Ist die Höhe der Vergütung nicht bestimmt, so ist bei dem Bestehen einer Taxe die taxmäßige Vergütung, in Ermangelung einer Taxe die übliche Vergütung als vereinbart anzusehen.
[...]

Ohne vertragliche Honorarvereinbarung richtet sich die Vergütung von typischen Architektenverträgen in der Regel nach der HOAI, sofern

---

7   Siehe Checklisten als Anhang zum Architektenvertrag.

- deren Vertragsgegenstand vom Leistungsbild des § 33 HOAI erfasst ist und
- die Tabellenwerte des § 34 Abs. 1 HOAI 2009 in Höhe von 25.564.594 € je Abrechnungseinheit nicht überschritten werden.

Da sich die HOAI seit dem 01.01.1977 bis heute als ein für beide Vertragsparteien **ausgewogenes Regelwerk** bewährt hat, ist es sinnvoll, durch vertragliche Vereinbarung dafür Sorge zu tragen, dass sie auch in Fällen, die über den jeweiligen Tafelwerten angesiedelt sind, die werkvertragliche Vergütung regelt.

zu Ziffer 7.4.1   (Grund-)Honorar

Die HOAI 2009 legt durch verschiedene **Honorarberechnungsparameter** ein **(Grund-) Honorar** fest, das alle in Anlage 11 zu § 33 HOAI 2009 abschließend aufgezeichneten **(Grund-)Leistungen,** d.h. Arbeitsschritte des Architekten, abdeckt, sofern diese zum Erreichen des werkvertraglich geschuldeten Erfolgs notwendig sein sollten.

Diese **Berechnungsfaktoren** sind:
- die **Anrechenbaren Kosten,** die sich
  - direkt aus der Kostenberechnung des Planers (§ 6 Abs. 1 HOAI 2009),
  - indirekt aus der einvernehmlich festgelegten Baukostenvereinbarung der Parteien (§ 6 Abs. 2 HOAI 2009)
  jeweils unter Beachtung des § 4 Abs. 1 und 2 HOAI 2009 ergeben,
- die **Honorarzone,** die sich anhand des Schwierigkeitsgrads der Planungsaufgabe gemäß § 34 Abs. 2 HOAI 2009 feststellen lässt,
- der **Honorarsatz,** der anhand erschwerender aufwandsbezogener Einflussgrößen abgeglichen und individuell festgelegt werden kann,
- der **Leistungsumfang,** der sich durch den Auftragsumfang ergibt und
- die **Zuschläge,** die sich aus der individuellen Zuweisung zu § 2 Nr. 6, 7, 9 oder 10 ergeben.

zu Ziffer 7.4.2   Zusätzliches Honorar

Die Formulierung in Ziffer 7.4.2 des Vertragsmusters dient vor allem der Klarstellung, welche Leistungen nicht von dem vertraglich geregelten (Grund-)Honorar abgedeckt sind. Dies ist insbesondere vor dem Hintergrund, dass die HOAI diesbezüglich keine präzisen Aussagen trifft, wichtig.

Ergibt sich beispielsweise während der Laufzeit des Vertragsverhältnisses, dass der Auftraggeber seine einmal gesetzten Zielvorstellungen, d.h. die Beschaffenheitsmerkmale des gewünschten Werks ändert, und entfallen damit Leistungsteile der bis dahin in Bezug auf die vorige Aufgabenstellung schon vertragskonform erarbeiteten Planung und/oder Bauleitung, so muss in der Regel in Bezug auf die neue Aufgabenstellung nachgebessert werden. Die dadurch entstandenen Mehraufwendungen sind notwendig, um wieder auf denselben Planungs-/Bauleitungsstand zu kommen, der in Bezug auf die vorigen Zielvorgaben schon einmal erreicht worden war. Sie stellen ein Mehr gegenüber dem ursprünglich geschuldeten Arbeitsaufwand dar, sind als wiederholt zu erbringende (Grund-) Leistungen anzusehen und somit zusätzlich zu vergüten.

Laut § 3 Abs. 2 HOAI 2009 sind diese Leistungen frei vereinbar und zu vergüten. Die Höhe und die Art der Vergütung kann festgelegt werden entweder
- pauschal,
- nach Zeitnachweis oder auch
- prozentual mit einem Prozentsatz des Grundhonorars, wobei dieser Prozentsatz anhand der Flächenvergleichsmethode Eich/Eich (geänderte Grundriss- und Fassadenflächen in Bezug zu der bis zum Zeitpunkt der Änderung vertragskonform erarbeiteten gesamten Grundriss- und Fassadenflächen) bestimmt werden kann.

zu Ziffer 7.4.3 Vergütung der (Grund-)Leistungen

Im deutschen Recht gibt es das grundgesetzlich garantierte Prinzip der Privatautonomie, welches auch die sogenannte Vertragsfreiheit beinhaltet. Danach steht es dem Einzelnen frei, seine Angelegenheiten eigenverantwortlich durch Verträge zu gestalten und im Rahmen der Rechtsordnung selbst zu entscheiden, mit wem er Verträge welchen Inhalts schließt. In diesem Sinne können die Vertragsparteien sehr wohl individuelle Regelungen zur Bestimmung des Werklohns treffen. Dabei ist die HOAI grundsätzlich nicht zwingend mit allen ihren einzelnen honorarbestimmenden Regelungsbestandteilen anzuwenden. Allerdings ist die getroffene Honorarvereinbarung an den von der HOAI gesetzten Grenzen der Mindest- und Höchstsätze der HOAI abzugleichen. Die HOAI ist damit in ihren Grenzen zu respektieren. Mehr nicht!

Die Folge ist, dass alle individuellen Regelungen, die u.a. in Form
* einer Pauschalhonorarvereinbarung,
* einer Gegenleistungsvereinbarung,
* einer Stundenabrechnungsvereinbarung oder nach
* einer Baukostenvereinbarungsvorgabe gemäß § 6 Abs. 2 HOAI 2009
erfolgt sind, grundsätzlich vorerst als rechtsgültig wirksam anzusehen sind, solange, bis sich herausstellt, dass sie beispielsweise
* gegen die guten Sitten verstoßen,
* Wucher darstellen oder
* ein gesetzliches Gebot nicht einhalten.

Vor allem der letzte Fall ist in vielen Fällen von Bedeutung, und zwar durch Regelungen, die direkt oder indirekt zur Mindestsatzunterschreitung oder Höchstsatzüberschreitung der preisrechtlich durch die HOAI aufgezeigten Grenzen führten.

Ist eine Individualvereinbarung über die Honorierung nicht schriftlich bei Auftragserteilung erfolgt, ist das Honorar gemäß § 7 Abs. 6 HOAI 2009 zu berechnen. Dann ist die HOAI in allen ihren Einzelbestimmungen heranzuziehen und mangels anderer rechtsgültiger Vereinbarung zwischen den Parteien das Honorar nach der Kostenberechnung des Planers und den jeweiligen Mindestsätzen zu bestimmen. Die Höhe der Vergütung kann dann nach diesen Regelungen der Aufgabenstellung entsprechend sehr ausgewogen berechnet werden.

Die HOAI hat hierfür mehrere Parameter ausgewiesen, die über
* die Größenordnung des Bauvorhabens (anrechenbare Kosten),
* den Schwierigkeitsgrad der Planung (Honorarzone),
* die Einflussgrößen aus Standort, Zeit, Umwelt, Institutionen, Nutzung (Honorarsatz) und
* die leistungserschwerenden Kriterien der Maßnahme (Zuschläge)
definiert werden können.

zu Ziffer 7.4.3.1 Anrechenbare Kosten

Das Honorar ist entweder gemäß
* § 6 Abs. 1 HOAI 2009 durch die Ausweisung der anrechenbaren Kosten in der Kostenberechnung des Planers oder
* § 6 Abs. 2 HOAI 2009 durch die einvernehmlich festgelegte Baukostenvereinbarung errechenbar und somit fixiert. Hiermit steht ein (Grund-)Honorar fest, das alle in Anlage 11 zu § 33 HOAI 2009 abschließend aufgezeichneten Leistungen, d.h. Arbeitsschritte des Architekten, abdeckt, sofern diese zum Erreichen des werkvertraglich geschuldeten Erfolgs notwendig sind.

Das Honorar des Planers ist damit durch die Honorarbemessungsgrundlage, die über die Kostenberechnung oder die Baukostenvereinbarung individuell auf das Bauvorhaben ausgerichtet ist, festgeschrieben. Ändert sich während der Laufzeit des Vertragsverhältnisses das vom Auftragnehmer zu erreichende Ziel, so ist auch das dagegen stehende Honorar der neuen Situation entsprechend gemäß § 7 Abs. 5 HOAI 2009 anzupassen. Dies um dem Umstand Rechnung zu tragen, dass der Werklohn und der Wert des Werks grundsätzlich in einem ausgewogenen Verhältnis zueinander stehen müssen. Ändert sich der eine Parameter, so ist zwangsläufig der andere dementsprechend anzupassen. Dass dabei auf die in § 7 Abs. 5 HOAI 2009 hingewiesene Schriftform zu achten ist, ist wesentlich, da ansonsten die Differenz zwischen dem ursprünglichen (Grund-)Honoraranspruch und dem neuen angepassten nicht fällig zu stellen ist.

Die anrechenbaren Kosten weisen eine Doppelfunktion auf, indem sie
• einerseits die Honorarberechnungsgrundlage darstellen und
• andererseits Teil der Herstellungskosten
sind.

Anrechenbare Kosten als Honorarberechnungsgrundlage:

Galt im Gültigkeitszeitraum der HOAI 1996 gemäß § 10 Abs. 2 HOAI noch der Grundsatz, dass das Architektenhonorar in drei Teilen auf der Grundlage von
• Kostenberechnung,
• Kostenanschlag und
• Kostenfeststellung
zu berechnen ist, hat die HOAI 2009 die Abrechnungsmethodik stark vereinfacht. Sie bestimmt § 6 Abs. 1, dass sich das Honorar für alle Leistungen **einheitlich nach der**
• **Kostenberechnung**, die auf der Grundlage der Entwurfsplanung erstellt wird, oder, soweit diese aufgrund des Planungsfortschritts noch nicht vorliegt, nach der
• Kostenschätzung, die überschlägig auf der Grundlage der Vorplanung erfolgt,
zu richten hat.

5.

> Zitat:
> § 6 Grundlagen des Honorars
> (1) Das Honorar für Leistungen nach dieser Verordnung richtet sich
> 1.   für die Leistungsbilder der Teile 3 und 4 nach den anrechenbaren Kosten des Objekts auf der Grundlage der Kostenberechnung, oder, soweit diese nicht vorliegt, auf der Grundlage der Kostenschätzung [...]

Aus der Kostenberechnung sind dann die anrechenbaren Kosten für das gesamte Planerhonorar zu ermitteln.

Anrechenbare Kosten als Teil der Herstellungskosten:

Der Verordnungsgeber hat in der **HOAI 1977** die **Baukosten** eines Gebäudes als einen von mehreren Parametern zur Berechnung des Werklohns, des Architektenhonorars, festgelegt. Aus Ausgewogenheitsgründen schreibt er jedoch vor, dass nicht immer alle Baukosten unreflektiert und in voller Höhe als Honorarbemessungsgrundlage für das Architektenhonorar herangezogen werden können. Dies gilt beispielsweise für die Kosten der Technischen Gebäudeausrüstung bei hochgradig installierten Gebäuden.

Da in vielen Fällen nicht der Architekt die Installationen und die zentrale Betriebstechnik plant, sondern Fachingenieure, sollen die Installationskosten zur Berechnung des Honorars des Architekten nur bis zu einem bestimmten Prozentsatz voll und darüber hinaus um einen bestimmten Schlüssel gemindert herangezogen werden können. Die Unterscheidung, welche Kostenpositionen aus den Herstellungskosten gegebenenfalls diese Minderung erfahren müssen, kann aber nur erfolgen, wenn man grundsätzlich alle Kosten unmissverständlich und immer gleich einem bestimmten Ordnungssystem zuweist.

Um kein neues Ordnungssystem einführen zu müssen, bediente sich der Verordnungsgeber hierfür der damals bereits bestehenden **DIN 276** aus dem Jahr 1971, die er dann in

§ 10 Abs. 2 der HOAI 1977 einbrachte. Darauf aufbauend legten § 10 Abs. 4 und 5 HOAI (alte Fassungen) verbindlich fest, welche der nun durch die Zuweisung der Kostengruppennummern der DIN 276 eindeutig definierten Kosten für das Architektenhonorar **anrechenbar** sein sollten. Dabei bestimmte der Verordnungsgeber abschließend, wie und in welcher Tiefengliederung er diese Kosten unterschieden haben will.

Infolge dieses Abgleichs der Herstellungskosten in Bezug auf ihre Anrechenbarkeit wurde es möglich, dass sich bei verschiedenen Gebäuden trotz gleicher Höhe der Gesamtbaukosten durch die unterschiedliche Anrechenbarkeit einzelner Kostenpositionen unter Umständen verschiedene Honorarbemessungskosten ergeben. Dadurch entstand ein neuer Begriff, die **Anrechenbaren Kosten**.

Mit der **HOAI 1988** wurde in deren § 10 Abs. 2 die **DIN 276**, Ausgabe **1971**, gegen die **DIN 276**, Ausgabe **1981**, ausgetauscht. Diese Fassung der DIN 276 war seither zur Ermittlung der Anrechenbaren Kosten maßgeblich.

Dies hat sich mit der **HOAI 2009** geändert, die nun Bezug auf die **DIN 276, Ausgabe Dezember 2008**, nimmt:

Zitat:
§ 4 Anrechenbare Kosten:
(1) [...] Wird in dieser Verordnung die DIN 276 in Bezug genommen, so ist diese in der Fassung vom Dezember 2008 (DIN 276-1: 2008-12) bei der Ermittlung der anrechenbaren Kosten zugrunde zu legen. [...]

Die HOAI 2009 behält damit das oben dargestellte Grundprinzip der Bestimmung der Anrechenbaren Kosten bei und bestimmt in § 32, dass verschiedene Kosten auf unterschiedliche Art und in unterschiedlichem Umfang in die Bemessungsgrundlage für das Honorar einfließen.

Zitat:
§ 32 Besondere Grundlagen des Honorars:
(1) Anrechenbar sind für Leistungen bei Gebäuden [...] die Kosten der Baukonstruktion.
(2) Anrechenbar für Leistungen bei Gebäuden [...] sind auch die Kosten für Technische Anlagen, die der Auftragnehmer nicht fachlich plant oder deren Ausführung er nicht fachlich überwacht,
1. vollständig bis zu 25 Prozent der sonstigen anrechenbaren Kosten und
2. zur Hälfte mit dem 25 Prozent der sonstigen Kosten übersteigenden Betrag.
(3) Nicht anrechenbar sind [...]

Hierdurch ergeben sich Kosten, die
A: **immer** und immer **voll anrechenbar** sind,
B: **immer**, aber **nicht immer voll**, sondern **ggf. gemindert** anrechenbar sind,
C: **bedingt** anrechenbar sind, aber wenn ja, dann **voll**,
D: **unter bestimmten Voraussetzungen voll** oder **nicht** anrechenbar sind,
E: nicht direkt anfallen, aber **als fiktive Kosten**, je nachdem welcher Kostengruppe sie zuzuordnen sind, unter Umständen anrechenbar sind,
F: **grundsätzlich nicht** anrechenbar sind.

Da die Anrechenbaren Kosten als Grundlage der Honorarberechnung aus der Kostenberechnung zu ermitteln sind, die Kostenberechnung aber keinen höheren Genauigkeitsgrad als bis zur zweiten Stelle der jeweiligen Kostengruppennummer verlangt, kann aus folgender Graphik alle für die Honorarberechnung für Gebäudeplanung relevanten Kosten herausgelesen werden:

HOAI		KG	Bezeichnung	wie anrechenbar
	F	100	Grundstück	grundsätzlich nicht
§ 32 Abs. 3	C	210	Herrichten	bedingt, aber wenn ja, dann voll
	F	220	öffentliche Erschließung	grundsätzlich nicht
§ 32 Abs. 3	C	230	nichtöffentliche Erschließung	leistungsabhängig bedingt, aber wenn ja, dann voll
	F	240	Ausgleichsabgaben	grundsätzlich nicht
	F	250	Übergangsmaßnahmen	grundsätzlich nicht
§ 32 Abs. 1	A	300	Baukonstruktion	immer, und immer: voll
§ 32 Abs. 2	B	400	Technische Anlagen	immer, aber ggf. voll, ggf. gemindert
§ 32 Abs. 4	D	500	Außenanlagen	wenn < 7.500 €: ja, wenn ≥ 7.500 €: nein
§ 32 Abs. 3	C	610	Ausstattung	bedingt, aber wenn ja, dann voll
§ 32 Abs. 3	C	620	Kunstwerke	bedingt, aber wenn ja, dann voll
	F	700	Baunebenkosten	grundsätzlich nicht
§ 4 Abs. 1	F		Mehrwertsteueranteile	grundsätzlich nicht

Aus § 4 HOAI ergibt sich, dass bestimmte **fiktive Kosten**, also solche, die nicht konkret anfallen und somit vom Architekten im Rahmen der Planung anhand von Erfahrungswerten prognostiziert werden, unter bestimmten Umständen zu **ortsüblichen Preisen** ebenfalls in die Bemessungsgrundlage für die Berechnung des Honorars für Leistungen für Gebäude einzusetzen sind:

Zitat:
§ 4 Anrechenbare Kosten:
(2) Als anrechenbare Kosten gelten ortsübliche Preise, wenn der Auftrageber
1. selbst Lieferungen oder Leistungen übernimmt,
2. von bauausführenden Unternehmen oder von Lieferanten sonst nicht übliche Vergütungen erhält,
3. Lieferungen oder Leistungen in Gegenrechnung ausführt oder
4. vorhandene oder vorbeschaffte Baustoffe oder Bauteile einbauen lässt.

Aufgrund dessen muss die oben gezeigte Graphik unter Umständen wie folgt ergänzt werden:

HOAI		KG	Bezeichnung
§ 4 Abs. 2 S. 1	E	300, 400, 500, 600	bei Eigenleistungen und Eigenlieferungen des AG
§ 4 Abs. 2 S. 2	E	300, 400, 500, 600	bei nicht sonst üblichen Vergünstigungen gegenüber dem AG
§ 4 Abs. 2 S. 3	E	300, 400, 500, 600	bei Lieferungen und Leistungen in Gegenrechnung
§ 4 Abs. 2 S. 4	E	300, 400, 500, 600	bei Einbau vorhandener oder vorbeschaffter Baustoffe oder Bauteile

Nicht ausdrücklich übernommen hat die HOAI 2009 die Regelung des alten § 10 Abs. 3a HOAI 1996, nach der die **technisch oder gestalterisch mitverarbeitete vorhandene Bausubstanz** mit angemessenen fiktiven Kosten zusätzlich in die Kostenprognosen (Kostenschätzung und Kostenberechnung) und damit auch in die Honorarbemessungsgrundlage eingestellt wurde.

In der Amtlichen Begründung zur HOAI 2009 aus der Bundesrats-Drucksache 395/09 vom 30.04.2009 heißt es hierzu:

Zitat:[8]
§ 35 bündelt die Vorschriften zu Umbauten und Modernisierungen der geltenden §§ 10 Abs. 3a, 24 […] und regelt die Möglichkeit, Zuschläge für die Planung von Umbauten und Modernisierungen zu vereinbaren.
Die Regelung des bisherigen § 10 Absatz 3a hat in der Vergangenheit vielfach zu Rechtsstreitigkeiten geführt. Es wurde daher eine Zusammenführung der bisherigen Regelungen vorgenommen. Um auch Änderungen an der vorhandenen Bausubstanz in der Regel zum Umbauzuschlag mit zu erfassen, wurde zum einen die Definition der Umbauten in § 2 Nummer 6 weiter gefasst und die Marge, in der ein Zuschlag vereinbart werden kann, auf 20 bis 80 Prozent. statt bisher 20 bis 33 Prozent , erweitert.

---

8   Amtliche Begründung zur HOAI 2009 aus der Bundesrats-Drucksache 395/09 vom 30.04.2009, zu § 35 HOAI 2009.

Zum Verständnis der Hintergründe ist auf die Entstehungsgeschichte des alten § 10 Abs. 3a HOAI einzugehen:

Die **HOAI 1985** regelte in Teil II § 10 Abs. 3 Nr. 4:

> **Zitat:**
> § 10 Grundlagen des Honorars:
> (3) Als anrechenbare Kosten [...] gelten die ortsüblichen Preise, wenn der Auftraggeber [...]
> 4. vorhandene oder vorbeschaffte Baustoffe oder Bauteile mitverarbeiten lässt. [...]

Sodann hat der BGH klargestellt, dass diese fiktiven Kosten ein fester Bestandteil der Bemessungsgrundlage des Architektenhonorars sind und deren Anrechnungsmöglichkeit mit der Möglichkeit, einen Umbauzuschlag zu berechnen, nichts zu tun hat:

> **Zitat:**[9]
> Soweit bei einem Umbau stehenbleibende Gebäudeteile mitverarbeitet werden, gelten die ortsüblichen Preise als anrechenbare Kosten i.S. des § 10 Abs. 3 Nr. 4 HOAI.
> [...] Zutreffend nimmt das Berufungsgericht ferner an, dass der Wert der verbliebenen und mitverarbeiteten Bauteile nicht etwa deshalb außer Betracht zu bleiben hat, weil § 24 HOAI bei einem Umbau die Vereinbarung einer zusätzlichen Vergütung zulässt. Auch die Revision räumt ein, dass diese Vorschrift mit der Frage, welche Kosten anzurechnen sind und damit die Honorar**grundlage** bilden, nichts zu tun hat. [...]

Aufgrund dessen hat der Verordnungsgeber später **neben** dem oben zitierten § 10 Abs. 3 Nr. 4 zusätzlich die Regelung des § 10 Abs. 3a

> **Zitat:**
> § 10 Grundlagen des Honorars:
> (3a) Vorhandene Bausubstanz, die technisch oder gestalterisch mitverarbeitet wird, ist bei den anrechenbaren Kosten angemessen zu berücksichtigen. [...]

in die **HOAI 1988** aufgenommen und somit die grundlegende Sichtweise des BGH dahingehend übernommen, dass die fiktiven Kosten der mitverarbeiteten vorhandenen Bausubstanz
- dem Grunde nach in die anrechenbaren Kosten gehören,
- der Höhe nach aber nicht unter dem Ansatz ortsüblicher Preise, sondern lediglich in angemessener Höhe einzustellen sind.

Damit ist klar, dass die vorhandene mitverarbeitete Bausubstanz als Teil der Honorarbemessungsgrundlage „Anrechenbare Kosten" keine Berührungspunkte zur Thematik des Umbauzuschlags aufweist. Dies stellte der BGH in dem zuvor zitierten Urteil klar.[10]

Wenn der Verordnungsgeber nun den bisherigen § 10 Abs. 3a streicht und glaubt, diese Streichung durch einen höheren Umbauzuschlag auffangen zu können, negiert er die Feststellung des BGH. Während § 10 Abs. 3a HOAI a.F. den Umstand ausgleicht, dass der Architekt Bausubstanz planerisch und baukonstruktiv mitverarbeitet, ohne dass diese sich in der Form von echten Kosten niederschlägt, ist der Umbauzuschlag ein Regulativ, durch das die durch eine Umbaumaßnahme bedingten zusätzlichen leistungserschwerenden Kriterien berücksichtigt werden. Eine Zusammenfassung von § 10 Abs. 3a und § 24 HOAI a.F. ist somit gemessen an der zugrundeliegenden Thematik nicht zweckdienlich.

Die HOAI 2009 legt in § 6 Abs. 1 Nr. 1 in Verbindung mit § 4 Abs. 1 fest, dass das Honorar auf der Grundlage der Kostenberechnung nach der DIN 276 Ausgabe 2008 zu berechnen ist.

Da dort bei den Grundsätzen der Kostenplanung, unter 3.3.6 DIN 276 Ausgabe 2008 bestimmt ist, dass der Wert vorhandener Bausubstanz und wieder verwendete Teile auch in die jeweiligen Kostengruppennummern aufzunehmen ist,

---

9 BGH, Urteil vom 19.06.1986 – VII ZR 260/84. Leitsatz zitiert nach BauR 1986, S. 593 ff.
10 BGH, Urteil vom 19.06.1986 – VII ZR 260/84.

Zitat:
DIN 276 2008 Teil 3 Nr. 3.3.6: Vorhandene Bausubstanz und wieder verwendete Teile
Der Wert der vorhandenen Bausubstanz und wieder verwendeter Teile ist bei den betreffen-
den Kostengruppen gesondert auszuweisen.

und die HOAI 2009 in § 32 bei der Anrechenbarkeit der Baukonstruktion (Kostengruppe
300) und der Technischen Anlagen (Kostengruppe 400) keine weitere Unterscheidung
vornimmt, gehören diese Kosten, das heißt die tatsächlich für neue Bauteile neu anfallenden, wie auch die fiktiven Kosten der wiederverwendeten Bauteile zur Bemessungsgrundlage des Architektenhonorars.

Bei logischer Betrachtungsweise muss damit die Regelung des § 10 Abs. 3a HOAI 1996
noch weiter ausgelegt werden als bisher. Denn unter den Begriff „wiederverwendete Teile"
des Punktes 3.3.6 der DIN 276 Ausgabe 2008 sind nicht nur die Kosten der Baukonstruk-
tionen und Technischen Anlagen, sondern auch diejenigen der Ausstattung, Kunstwerke
und Außenanlagen zu subsumieren.

Zusammenfassend kann somit festgestellt werden, dass die (technisch oder gestalterisch) wie-
der- oder mitverarbeitete Bausubstanz
* schon vor dem Zeitraum 01.04.1988, als der § 10 Abs. 3a HOAI der Fassungen 1988,
  1991 und 1996 noch nicht expressis verbis in der HOAI stand, aufgrund des BGH-
  Urteils mit fiktiven Kosten in die Bemessungsgrundlage des Architektenhonorars ein-
  gesetzt werden konnte,
* während des Zeitraums vom 01.04.1988 bis zum 17.08.2009, in dem § 10 Abs. 3a HOAI
  ausdrücklich in der HOAI ausgewiesen war, selbstverständlich für die Honorarbemessung heranzuziehen war und
* auch ab dem 18.08.2009 logischerweise mit fiktiven Kosten über die DIN 276 Ausgabe
  2008 die Höhe des Architektenhonorars beeinflusst, obwohl § 10 Abs. 3a HOAI a.F.
  nicht mehr in der HOAI ausgewiesen ist

Dass das der Verordnungsgeber im Rahmen der HOAI 2009 möglicherweise anders sehen wollte, muss dahinstehen. Nimmt man die Verordnung wörtlich, kann eine andere
Auslegung dieses Berechnungssystems nicht erfolgen.

Um jedoch von vornherein Unklarheiten hinsichtlich der Berücksichtigung der mitverarbeiteten Bausubstanz zu vermeiden, sollten die Vertragsparteien diesbezüglich klare vertragliche Regelungen treffen und deren Anrechenbarkeit im Einzelfall individuell vereinbaren.

zu Ziffer 7.4.3.2 Honorarzone

Während das Kriterium Anrechenbare Kosten einen die **Quantität** berücksichtigenden
Honorarbemessungsfaktor darstellt, geht das Kriterium Honorarzone auf die Planungs-
anforderungen des Auftraggebers ein und bildet somit einen Bemessungsfaktor, der den
Schwierigkeitsgrad und den **Qualitätsanspruch** an die Planung berücksichtigt.

Die HOAI 2009 hat den Honorarberechnungsparameter Honorarzone unverändert aus
der HOAI 1996 übernommen und bestimmt in § 5 Abs. 4

Zitat:
§ 5 Honorarzonen:
(4) Die Honorarzonen sind anhand der Bewertungsmerkmale in den Honorarregelungen der
jeweiligen Leistungsbilder der Teile 2 bis 4 zu ermitteln. Die Zurechnung der einzelnen Honorarzonen ist nach Maßgabe der Bewertungsmerkmale, gegebenenfalls der Bewertungspunkte
und anhand der Regelbeispiele in den Objektlisten der Anlage 3 vorzunehmen.

Generell ist die Honorarzone für die Vertragsparteien **nicht dispositiv**. Sie ist nach den in
der HOAI dargestellten Bewertungsmerkmalen gemessen am jeweiligen Schwierigkeitsgrad und Qualitätsanspruch **objektiv festzulegen**.

Um die maßgebliche Honorarzone zu bestimmen, ist es somit sinnvoll zuerst die **Objektliste**, bei der Gebäudeplanung Ziffer 3.1 der Anlage 3 zu § 5 Abs. 4 Satz 2, einzu-

sehen und dort nachzusehen, ob das zu planende Gebäude dort in vergleichbarer Form beschrieben ist. Wird ein vergleichbarer Gebäudetyp nur einmal in einer Honorarzone genannt, so kann im Prinzip davon ausgegangen werden, dass hiermit die Honorarzone klar genug bestimmt ist.

Wird der vergleichbare Gebäudetyp aber in mehreren Honorarzonen aufgeführt, so ist es sinnvoll, im Anschluss an den Abgleich mit der Objektliste eine **Grobbewertung** nach § 5 Abs. 1 und Abs. 4 und § 34 Abs. 2 i.V.m. Anlage 3 Ziffer 3.1 vorzunehmen, die beispielhaft wie folgt aussehen kann:

Bewertungsmerkmale nach Planungsanforderungen:	Bewertung der Planungsanforderungen nach Schwierigkeitsgrad:				
	sehr gering	gering	durchschnittlich	überdurch-schnittlich	sehr hoch
Einbindung in die Umgebung		X			
Anzahl der Funktionsbereiche				X	
Gestalterische Anforderungen			X		
Konstruktive Anforderungen				X	
Technische Gebäudeausrüstung				X	
Ausbau				X	
	I	II	III	IV	V
	HONORARZONE				

Kann mit einer Grobbewertung, wie im vorliegenden Fall beispielhaft aufgezeigt, nicht eindeutig eine Honorarzone bestimmt werden, ist eine **Feinbewertung** (Punktebewertung) nach § 34 Abs. 2, 4 und 5 HOAI vorzunehmen. Nach dem hier verwendeten Bewertungsschema von Eich/Eich kann sich eine Zuordnung wie folgt ergeben:

Bewertungsmerkmale nach Planungsanforderungen:	Bewertung der Planungsanforderungen nach Schwierigkeitsgrad:				
	sehr gering	gering	durchschnittlich	überdurch-schnittlich	sehr hoch
Einbindung in die Umgebung	1	2	3 4	5	6
Anzahl der Funktionsbereiche	1 2	3 4	5	6 7	8 9
Gestalterische Anforderungen	1 2	3 4	5	6 7	8 9
Konstruktive Anforderungen	1	2	3 4	5	6
Technische Gebäudeausrüstung	1	2	3 4	5	6
Ausbau	1	2	3 4	5	6
Gesamtpunktzahl:	28,5				
	1 bis 10	11 bis 18	19 bis 26	27 bis 34	35 bis 42
	I	II	III	IV	V
	HONORARZONE				

In dem hier gewählten Beispiel ergibt die Punktebewertung 28,5 Punkte, liegt somit zwischen 27 und 34 Punkten, weshalb die Planungsleistung für das Gebäude gemäß § 34 Abs. 4 HOAI 2009

> **Zitat:**
> § 34 Honorare für Leistungen bei Gebäuden [...]
> (4) [...] das Gebäude [...] ist nach der Summe der Bewertungspunkte folgenden Honorarzonen zuzuordnen [...]
> 4. Honorarzone IV: Gebäude [...] mit 27 bis 34 Punkten [...]

aufgrund der Feinbewertung in die Honorarzone IV einzustellen ist.

zu Ziffer 7.4.3.3 Honorarsatz

Die beiden zuvor benannten Honorarbemessungsparameter
• Anrechenbare Kosten und
• Honorarzone
reichten dem Verordnungsgeber als Berechnungsfaktoren nicht aus, um danach jedes denkbar mögliche Architektenhonorar angemessen und individuell der jeweiligen Aufgabenstellung entsprechend ausgewogen festlegen zu können. Zur weiteren Differenzierung wurde ein weiterer Faktor, der
• **Honorarsatz**
eingeführt.

Die HOAI 2009 hat das Prinzip, dass die Parteien bei Auftragserteilung einen Honorarsatz vereinbaren können, der sich im Rahmen der Mindest- und Höchstsätze bewegt, aus der HOAI 1996 übernommen. In § 7 Abs. 1 HOAI 2009 heißt es:

> **Zitat:**
> § 7 Honorarvereinbarung:
> (1) Das Honorar richtet sich nach der schriftlichen Vereinbarung, die die Vertragsparteien bei Auftragserteilung im Rahmen der durch diese Verordnung festgesetzten Mindest- und Höchstsätze treffen.

5.

Für die Vereinbarung eines vom Mindestsatz abweichenden Honorarsatzes ist diese Vorschrift, die schon in den Zeiten der Vorgängerfassungen der HOAI selten beachtet wurde, von wesentlicher Bedeutung. Sie hat zur Folge, dass eine Honorarsatzvereinbarung, die
• nicht schriftlich getroffen wird, keine Rechtswirkung entfaltet, da es an der Schriftform fehlt,
• zwar schriftlich, aber nicht bei Auftragserteilung, beispielsweise erst später, nach einer mündlichen oder konkludent zustande gekommenen Beauftragung getroffen wird, ebenso nicht rechtswirksam werden kann, da nicht auf den maßgeblichen Zeitpunkt „bei Auftragserteilung" geachtet worden ist.

Der Honorarsatz soll **unabhängig von der Honorarzonenbestimmung anhand erschwerender aufwandsbezogener Einflussgrößen** aus
• Standort,
• Zeit,
• Umwelt,
• Institutionen und
• Nutzung
gefunden werden.

Der Autor R. Eich hat im Rahmen eines Arbeitskreises im Bundesministerium für Raumordnung, Bauwesen und Städtebau zur Novellierung der RBBau-Vertragsmuster für Leistungen bei Gebäuden in den Jahren 1987/88 die nachfolgend dargestellten Kriterien (außer Punkt 15 im folgenden Schema) entwickelt, anhand derer ein der jeweiligen Situation entsprechender angemessener Honorarsatz gefunden werden kann.

	Erschwerende Aufwandskriterien:	ja	nein
1	Vielzahl von Nutzern		
2	Vielzahl von zu koordinierenden Planern		
3	kurze Planungszeiten		
4	kurze Bauzeiten		
5	verbindliche Festtermine		
6	Selbsthilfemaßnahmen		
7	erhöhte baukünstlerische Anforderungen		
8	Raumbildender Ausbau		
9	Planungsoptimierung		
10	Denkmalschutzforderungen		
11	Umweltschutzauflagen		
12	neue Herstellungsverfahren		
13	abschnittsweise Inbetriebnahme		
14	nicht mögliche synchrone Planung mit Fachplanern		
15	Bewertungspunkte nach § 34 HOAI 2009 oberhalb der Mitte		
∑	**Gesamtpunktzahl**		

0 bis 1 Punkt		(hier ankreuzen)	Mindestsatz
2 bis 5 Punkte		(hier ankreuzen)	Viertelsatz
6 bis 9 Punkte	von 15 möglichen Punkten	(hier ankreuzen)	Mittelsatz
10 bis 13 Punkte		(hier ankreuzen)	Dreiviertelsatz
14 bis 15 Punkte		(hier ankreuzen)	Höchstsatz

Durch Ankreuzen der Ja-Spalte ergibt sich bei Aufaddieren eine Punktezahl, die in Bezug auf die individuelle Aufgabenstellung einen ausgewogenen Honorarsatz generiert.

zu Ziffer 7.4.3.4 Leistungsumfang

In der Regel werden Architektenverträge in vollem Umfang an einen Auftragnehmer beauftragt. Es ist aber auch gängige Praxis, das gesamte Leistungsspektrum in kleineren Teilaufträgen zu vergeben, sei es
• an einen Auftragnehmer stufenweise zeitlich versetzt oder
• an mehrere Auftragnehmer in sinnvollen Teilabschnitten verteilt.

Dem hat der Verordnungsgeber Rechnung getragen und die von ihm als Leistungen bezeichneten Arbeitsschritte eines vollen Architektenvertrags in neun Phasen gebündelt und diese in § 33 HOAI mit Prozentpunkten belegt.

Eine tiefergehende Unterteilung dieser Leistungsphasen bis hin zu den einzeln benannten Leistungen nahm er nicht vor. Eine nach Ansicht der Autoren praxisbezogene und sinnvolle Bewertung der einzelnen Arbeitsschritte des Architekten kann anhand der in Kapitel 8 vorgestellten Bewertungstabelle vorgenommen werden.

zu Ziffer 7.4.5 Vergütung der Besonderen Leistungen

Reichen die in Anlage 11 zu §§ 33 und 38 Abs. 2 HOAI aufgeführten Grundarbeitsschritte zur Herbeiführung des werkvertraglich geschuldeten Erfolgs nicht aus und müssen besondere Leistungen im Sinne des § 3 Abs. 3 HOAI 2009 erbracht werden, so können für diese, wenn sie nicht an Stelle der Grundleistungen, sondern zusätzlich notwendig sind, besondere Honoraranteile vereinbart werden.

Für eine solche Vereinbarung ist im Gegensatz zu § 5 Abs. 4 HOAI a.F. die Schriftform nicht mehr erforderlich, sie kann gemäß § 3 Abs. 3 HOAI 2009 nun gänzlich frei getroffen werden. Aus Gründen der Rechtssicherheit raten die Autoren jedoch dringend an, hierfür ein Zeithonorar oder eine Pauschale schriftlich zu vereinbaren.

zu Ziffer 7.4.6   Vergütung der zusätzlichen Leistungen

Eine Vergütung für solche Leistungen kann völlig frei vereinbart werden. Es ist sinnvoll, diese entweder als zusätzlichen Prozentsatz eines vollen Werklohns zu definieren oder sie in Form einer Pauschalen schriftlich festzulegen.

zu Ziffer 7.4.7   Vergütung der Mehraufwendungen bedingt durch

zu Ziffer 7.4.7.1 Auftragsteilung in zwei oder mehrere Architektenteilaufträge

Das Aufteilen eines Architektenvertrags in einzelne Teile und deren getrennte Vergabe an zwei oder mehrere Auftragnehmer führt grundsätzlich zu Reibungsverlusten. Hierbei ist aber zu unterscheiden, ob sich abgerundete Planungspakete phasenweise vergeben, oder nur einzelne Arbeitsschritte aus einer Leistungsphase herausgegriffen und an verschiedene Planer beauftragt werden.

Beispiel-Fall 1:
Es wird beauftragt
* Architekt A mit den Planungsstufen 1 und 2 (analog Leistungsphasen 1-4) mit der Entwurfsplanung eines Gebäudes und der Beantragung seiner Genehmigungsfähigkeit,
* Architekt B mit der Planungsstufe 3 (analog Leistungsphasen 5-7) mit der Realisierungsplanung, inklusive der Erstellung der Vergabeunterlagen,
* Architekt C mit der Planungsstufe 4 (analog Leistungsphase 8) mit der Bauleitung.

Alle drei Arbeitspakete führen in der Regel gemeinsam zu dem vom Auftraggeber erwarteten Erfolg, dem mangelfreien Gebäude.

Beispiel-Fall 2:
Es wird beauftragt
* Architekt A mit den Planungsstufen 1 und 2 (analog Leistungsphasen 1-4) mit der Planung eines Gebäudes und der Beantragung seiner Genehmigungsfähigkeit,
* Architekt B mit der Kostenschätzung aus Leistungsphase 2 und der Kostenberechnung aus Leistungsphase 3.

Im Fall 1 können Planer B und C im Prinzip davon ausgehen, dass der vom Vorgänger in Hinblick auf das vom Auftraggeber bestellte Werk jeweils phasenbezogen geschuldete Erfolg abgerundet und abnehmbar im Sinne des BGB erbracht wurde. Sie können diese einzelnen, in sich abgerundeten Planungsergebnisse additiv durch Aneinanderfügen zu einem Gesamtergebnis bringen.

Um mit der Arbeit überhaupt beginnen zu können, muss der jeweils nachfolgende Architekt sich jedoch zunächst in die Arbeit seines Vorgängers, auf die er aufsetzen muss, einarbeiten. Dieses Sicheinarbeiten und die damit zwingend vorzunehmende verantwortliche Prüfung der Planungsergebnisse des/der Vorgänger(s) auf deren uneingeschränkte Tauglichkeit, binden Arbeitszeiten, die allein aufgrund der getrennten Auftragsvergabe an verschiedene Planer anfallen und deren Vergütung von der HOAI nicht berücksichtigt werden.

Der Fall 2 ist anders gelagert. Hier geht es nicht um das Sicheinarbeiten, sondern um das Einarbeiten diverser Planungsteile anderer Planer in das eigene Planungskonzept, damit daraus erst ein phasenbezogener gemeinsamer Erfolg entstehen kann. Allein diesen Fall spricht § 8 Abs. 2 letzter Satz HOAI 2009 an.

5.

In beiden Fällen gibt die HOAI keine konkreten Vergütungsregelungen vor. Hier sind die Parteien gehalten, eine angemessene Vergütungsgröße in Form eines Prozentsatzes oder einer Vergütungspauschalen zu vereinbaren.

zu Ziffer 7.4.7.2 Planungszeitverlängerung

Wird der Architekt in Erfüllung seiner werkvertraglichen Verpflichtungen während der Planung und/oder Bauleitung durch den Auftraggeber behindert, so steht ihm ein Ersatz für die ihm dadurch entstandenen Kosten zu. Wichtig ist aber auch, eine Kostenersatzregelung zu finden für den Fall, dass nicht der Auftraggeber selbst, sondern ein vom Auftraggeber im Rahmen der Baumaßnahme vertraglich eingebundener Dritter, wie z.B. der Tragwerksplaner, zu dem der Architekt kein eigenständiges Vertragsverhältnis hat, für die Behinderung verantwortlich ist. Hier sollte sich der Auftraggeber bereit finden, diesen Anspruch gegen sich gelten zu lassen, da nur er die Möglichkeit hat, auf den Verursacher zurückzugreifen.

zu Ziffer 7.4.7.3 Bauleitungszeitverlängerung

Wie zu 7.4.7.2.

zu Ziffer 7.4.8 Umbau- und Modernisierungszuschlag

Nach § 24 Abs. 1 HOAI 1996 galt ab durchschnittlichem Schwierigkeitsgrad auch ohne Schriftform ein Umbauzuschlag von 20 % als vereinbart. Ein darüber hinaus gehender Zuschlag,
• bei Honorarzone I, II und III begrenzt auf 33 %,
• bei Honorarzone IV und V aber nicht begrenzt,
konnte schriftlich vereinbart werden.

Die HOAI 2009 hat das Prinzip des Umbau- und Modernisierungszuschlags in § 35 Abs. 1 übernommen, den Umbauzuschlag aber generell auf ein Höchstmaß von 80 % begrenzt.

> **Zitat:**
> § 35 Leistungen im Bestand:
> (1) Für Leistungen bei Umbauten und Modernisierungen kann für Objekte ein Zuschlag bis zu 80 % vereinbart werden. […].

Im Gegensatz zur alten Fassung der HOAI gilt nach der HOAI 2009 nun bei fehlender Schriftform nicht erst ab durchschnittlichem Schwierigkeitsgrad, also ab Honorarzone III, sondern schon ab Honorarzone II ein Umbauzuschlag von 20 % als vereinbart.

> **Zitat:**
> § 35 Leistungen im Bestand:
> (1) […] Sofern kein Zuschlag schriftlich vereinbart ist fällt für Leistungen ab der Honorarzone II ein Zuschlag von 20 Prozent an.

Nach folgendem Schema der Autoren ergibt sich durch Ankreuzen (1 x oder 2 xx, je nach individueller Gewichtung durch die Vertragsparteien) der Zeilen 1 bis 15 in der Liste der leistungserschwerenden Kriterien[11] aus der folgenden Bewertungstabelle ein bauvorhabengerechter Umbauzuschlag.

---

11 Die Liste der leistungserschwerenden Kriterien kann bei Bedarf jederzeit erweitert werden.

	Leistungserschwerende Kriterien: je nach Gewichtung 1 x oder 2 xx pro Zeile vergeben	x bis xx
1	Unzugänglichkeit der Gebäude	
2	Behinderung des Planungskonzepts durch alte Rechtslage	
3	Behinderung des Planungskonzepts durch bauliche Gegebenheiten	
4	Einbindung komplizierter alter Konstruktionen in das neue Konzept	
5	Rückbau der Altbausubstanz in Richtung Ursprungskonstruktion	
6	Angleichen der neuen Materialien an bauliche Vorgaben	
7	Übernahme alter Fertigungstechniken	
8	Vielfalt der Schnittstellen alt und neu	
9	Ungleichgewichtigkeit: Bausumme zu Planungs-/Bauleitungsaufwand	
10	aufwendige Einweisung der Handwerker	
11	erhöhte Baustellenpräsenz	
12	Behinderung des Bauablaufs bei laufender Nutzung des Gebäudes	
13	Behinderung des Bauablaufs durch bauliche Gegebenheiten	
14	zusätzliche Koordination: Nutzer und Baufirmen	
15	erhöhte(s) Risiko und Haftung	
Σ	Gesamtpunktzahl	

Bewertungstabelle: Umbauzuschlag bei verschiedenen Honorarzonen:

bei Anzahl der xx	Zuschlag bei Honorarzone I	Zuschlag ab Honorarzone II
0 x	0,0 %	20,0 %
1 bis 2 x	10,0 %	20,0 %
3 bis 4 x	15,0 %	20,0 %
5 bis 6 x	20,0 %	20,0 %
7 bis 8 x	25,0 %	25,0 %
9 bis 10 x	30,0 %	30,0 %
11 bis 12 x	35,0 %	35,0 %
13 bis 14 x	40,0 %	40,0 %
15 bis 16 x	45,0 %	45,0 %
17 bis 18 x	50,0 %	50,0 %
19 bis 20 x	55,0 %	55,0 %
21 bis 22 x	60,0 %	60,0 %
23 bis 24 x	65,0 %	65,0 %
25 bis 26 x	70,0 %	70,0 %
27 bis 28 x	75,0 %	75,0 %
29 bis 30 x	80,0 %	80,0 %

5.

Als Umbauzuschlag gilt als vereinbart:.. %

zu Ziffer 7.4.9   Instandhaltungs- und Instandsetzungszuschlag

Nach § 36 Abs. 1 HOAI 2009 kann für Leistungen bei Instandhaltungen und Instandsetzungen das Bauüberwachungshonorar über die Erhöhung der Wertigkeit der Leistungsphase 8 um bis zu 50 % erhöht werden.

> **Zitat:**
> § 36 Instandhaltungen und Instandsetzungen:
> (1) Für Leistungen bei Instandhaltungen und Instandsetzungen von Objekten kann vereinbart werden, den Prozentsatz für die Bauüberwachung um bis zu 50 Prozent zu erhöhen.

Dies ist kein Honorarzuschlag, wie beispielsweise der Umbauzuschlag, sondern eine Erhöhung des Prozentsatzes der Leistungsphase 8 von 31 %-Punkten auf bis zu 46,5 %-Punkte. Die Erhöhung stellt daher eine Überschreitung des Mindestsatzes dar und kann aufgrund dessen gemäß § 7 Abs. 6 HOAI nur schriftlich und bei Auftragserteilung rechtswirksam vereinbart werden.

Einer Begründung bedarf die Erhöhung an sich nicht. Da die HOAI jedoch keine Kriterien für die Ermittlung der Erhöhung ausweist, geben die Autoren angelehnt an die Bewertungstabelle für den Umbauzuschlag ein Schema vor, das den Parteien bei der Vertragsgestaltung als Hilfsmittel dienen kann.

Nach folgendem Schema der Autoren ergibt sich durch Ankreuzen (1 x oder 2 xx, je nach individueller Gewichtung durch die Vertragsparteien) der Zeilen 1 bis 10 in der Liste der leistungserschwerenden Kriterien[12] aus der folgenden Bewertungstabelle ein bauvorhabengerechter Instandhaltungs- bzw. Instandsetzungszuschlag.

	Leistungserschwerende Kriterien: je nach Gewichtung 1 x oder 2 xx pro Zeile vergeben	x bis xx
1	beschwerliche Zugänglichkeit der zu bearbeitenden Bauteile	
2	aufwendiges Angleichen der neuen Materialien an vorhandene Substanz	
3	Übernahme alter Fertigungstechniken	
4	Vielfalt der Schnittstellen zwischen alt und neu	
5	Ungleichgewichtigkeit anrechenbare Kosten zu Bauleitungsaufwand	
6	aufwendige Einweisung der Handwerker	
7	erhöhte Baustellenpräsenz	
8	Behinderung des Arbeitsablaufs bei laufender Nutzung des Gebäudes	
9	zusätzliche Koordination zwischen Nutzer und Baufirmen	
10	erhöhte(s) Risiko und Haftung	
Σ	Gesamtpunktzahl	

Durch die Gewichtung der leistungserschwerenden Kriterien ergeben sich .... Kreuze

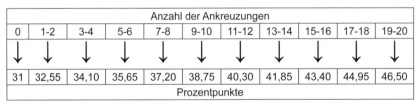

Anzahl der Ankreuzungen										
0	1-2	3-4	5-6	7-8	9-10	11-12	13-14	15-16	17-18	19-20
↓	↓	↓	↓	↓	↓	↓	↓	↓	↓	↓
31	32,55	34,10	35,65	37,20	38,75	40,30	41,85	43,40	44,95	46,50
Prozentpunkte										

und somit eine Erhöhung der Bewertung der Leistungsphase 8 von 31 % auf .... %.

zu Ziffer 7.5   Mitwirkungsverpflichtung

Der Architekt ist im Rahmen seiner Planungs- und Bauleitungstätigkeit auf die Mitarbeit anderer Fachplaner angewiesen. Diese sind vom Auftraggeber zeitnah zu beauftragen, so dass schon von Planungsbeginn an ein synchrones Arbeiten aller an der Planung Beteiligten gewährleistet ist.

Beauftragt ein Bauherr die Fachplaner trotz eines entsprechenden Hinweises des Architekten nicht, hat der Architekt die Möglichkeit, seinen Auftraggeber unter Mitwirkungsverzug zu setzen, was der Rechtssicherheit wegen dringend angeraten ist.

Plant er aber dennoch ohne die fachliche Zuarbeit der Fachplaner weiter, so bleibt er für das Gesamtplanungsergebnis verantwortlich. Der Architekt sollte wissen, dass ihn in einem solchen Fall seine Haftpflichtversicherung unter Umständen nicht deckt.

---

12 Die Liste der leistungserschwerenden Kriterien kann bei Bedarf erweitert werden.

zu Ziffer 8   Zusätzliche Vertragsvereinbarungen

zu Ziffer 8.1   Nebenkosten

Der Auftragnehmer hat prinzipiell Anspruch auf Ersatz der Nebenkosten, die bei Erfüllung seines Werkvertrags angefallenen sind, da diese nicht von seinem Werklohn abgedeckt sind.

Sie sind gemäß § 14 Abs. 3 HOAI 2009 nach Einzelnachweisen abzurechnen, wenn nicht eine andere Abrechnungsweise schriftlich vereinbart worden ist.

Da sich die Abwicklung eines Architektenvertrags meist über mehrere Jahre hin erstreckt und das Sammeln aller angefallenen Nebenkostenbelege oft Schwierigkeiten bereitet, ist es in vielen Fällen sinnvoll, hierfür eine Pauschale oder einen am vollen Honorar orientierten Prozentsatz zu vereinbaren. Zu Bedenken ist jedoch, dass eine solche Vereinbarung nur rechtsgültig wird, wenn sie in Schriftform und bei Auftragserteilung erfolgt ist.

zu Ziffer 8.2   Zahlungen

In § 15 Abs. 2 HOAI 2009 wird darauf hingewiesen, dass in angemessenen zeitlichen Abständen oder nach vereinbarten Zeitpunkten für nachgewiesene Leistungen Abschlagszahlungen gefordert werden können. Diese Möglichkeit wird gedeckt durch § 632 a BGB, nach dem vor Erfüllung des Werkvertrags für in sich abgeschlossene Teile des Werks eine angemessene Teilvergütung verlangt werden kann.

Es wird dringend angeraten, Honoraranteile grundsätzlich nur in Form von **Abschlags-zahlungsanforderungen** oder **nach vollkommener Erfüllung des Vertrags** im Rahmen einer **Schlussrechnung** abzurufen. Eine **Teilschlussrechnung** sollte **nie** gestellt werden, da hieran wie die Praxis vor Gericht lehrt, später über § 242 BGB eine sich für den Auftragnehmer oftmals negativ auswirkende Bindungswirkung festgemacht werden kann. Es ist dies ein beliebtes Mittel der Auftraggeberseite, um weitere berechtigte, über die Teilschlussrechnung hinausgehende Honorarforderungen abblocken zu können.

zu Ziffer 8.3   Umsatzsteuer

Dieser Absatz erklärt sich selbst.

zu Ziffer 8.4   Haftpflichtversicherung

Jeder freiberuflich Tätige muss eine Haftpflichtversicherung nachweisen, die ggf. auf die jeweilige Vertragsituation individuell angepasst werden sollte. Die Deckungssumme sollte grundsätzlich in einem angemessenen Verhältnis zur Größe des jeweiligen Auftrags stehen.

zu Ziffer 8.5   Vorzeitige Beendigung des Vertrags

Nach Ansicht der Autoren sind die Folgen einer vorzeitigen Beendigung des Vertrags ausreichend gesetzlich geregelt, so dass es nicht notwendig ist, neben den gesetzlichen Regelungen weitere individuelle Kündigungsregelungen einzuführen.

zu Ziffer 8.6   Urheberrecht des Architekten

Dieser Absatz erklärt sich selbst.

zu Ziffer 8.7   Schriftformerfordernis

Dieser Absatz erklärt sich selbst.

5.

zu Ziffer 9   Zusätzliche individuelle Vereinbarungen

Dieser Absatz erklärt sich selbst.

zu Ziffer 10   Schiedsvereinbarung

Die Autoren empfehlen beiden Vertragsparteien, bei Streitigkeiten nicht sofort ein Gericht anzurufen. Sie haben als Schiedsrichter über 160 Schiedsgerichts- und Schlichtungsverfahren abgewickelt und können aus Erfahrung sagen, dass diese außergerichtlichen Verfahren weit schneller und kostengünstiger als ein Klageverfahren ablaufen, wenn sie von nachweislich HOAI-erfahrenen Fachleuten geführt werden. Die Parteien können hierzu einen Fachmann ihres Vertrauens bestimmen.

zu Ziffer 11   Bestätigung des Bindungswillens der Vertragsparteien

Das Werkvertragsverhältnis kann aufgrund der Vertragsgestaltungsfreiheit auch in mündlicher Form rechtsgültig geschlossen werden. Da bei Architektenverträgen im Normalfall die HOAI in das Vertragsverhältnis eingreift und für gewisse Fallgestaltungen zwingend die Schriftform vorschreibt, muss **Schriftform in Urkundenform** gewahrt sein. Man bedenke auch, dass die Schriftform allein nicht immer ausreichend ist, um Honorarvereinbarungen rechtsgültig zu treffen. Manche Honorarparameter, beispielsweise
• Vereinbarungen oberhalb des Mindestsatzes und
• Pauschalvereinbarungen
müssen **bei Auftragserteilung schriftlich** erfolgt sein, um als rechtsgültig vereinbart gelten zu können. Dabei ist zu bedenken, dass der Zeitpunkt des Vertragsschlusses durch das Datum der letzten Unterschrift festgelegt wird. Dieser Zeitpunkt definiert damit den Zeitpunkt der Auftragserteilung.

Prüffähige Honorarrechnung

Erläuterung
zur Musterrechnung

6.1

Erläuterung zur Musterrechnung

Die Musterrechnung basiert auf folgenden fiktiven Annahmen:

- Beauftragung: nach dem 17.08.2009
- Vertragsumfang: Planung, Bauleitung sowie Objektbetreuung und Dokumentation
- Leistungsumfang: Stufen 1 bis 4, analog Leistungsphasen 1 bis 8 § 33 HOAI: insgesamt 97 %
  Stufe 5, analog Leistungsphase 9 § 33 HOAI wurde nicht beauftragt
- Honorarzone: IV, nach Punktebewertung des § 34 Abs. 2, 4 und 5 HOAI ermittelt
- Honorarsatz: Mittelsatz, schriftlich bei Auftragserteilung vereinbart
- Nebenkosten: 5 % des Nettohonorars, schriftlich bei Auftragserteilung vereinbart
- Umbauzuschlag: 60 %

- Nicht übliche Vergünstigungen durch Bauunternehmer: 5.000 € brutto
- Eigenleistungen (Malerarbeiten):   40.000 € brutto
- Einbau vorbeschaffter Innenwandvertäfelung: 50.000 € brutto
- Mitverarbeitete vorhandene Bausubstanz der Kostengruppe 300:   200.000 € brutto
- Mitverarbeitete vorhandene Bausubstanz der Kostengruppe 400:   50.000 € brutto
- Mitverarbeitete vorhandene Teile der Kostengruppe 600:   20.000 € brutto

Im folgenden Rechnungsmuster sind alle von den Autoren fiktiv eingesetzten Angaben, beispielsweise
- Rechnungsnummer,
- Projektnummer,
- Datum,
- Adresse,
- Umsatzsteueridentitätsnummer,
- variablen Honorarberechnungsparameter, wie
- Anspruchsgrundlage,
- Honorarberechnungsgrundlage,
- Anrechenbare Kosten,
- Honorarzone,
- Honorarsatz,
- Leistungsumfang,
- Nebenkostenvereinbarung,
- Umbauzuschlag,
- Umsatzsteuersatz und
- alle Rechenergebnisse

zur besseren Übersicht blau gekennzeichnet. Alle diese Angaben sind vom Architekten auf sein jeweiliges Projekt bezogen individuell zu ändern.

Die Autoren haben in den letzten Jahren einige hundert Rechnungen für Architekten und Ingenieure erstellt und diesen jeweils die entsprechenden Erläuterungen, wie im Anschluss dargestellt, angefügt. Ihres Wissens wurde keine dieser Rechnungen, auf die später vor Gericht eine Honorarklage gestützt wurde, von den Gerichten als nichtprüffähig bezeichnet. Aufgrund ihrer langjährigen Gerichtserfahrung raten sie somit, jeder Honorarrechnung erläuternde Anlagen beizufügen, damit die Nachvollziehbarkeit aller Berechnungsparameter für den Rechnungsempfänger gewährleistet ist.

Fehlen solche Erklärungen, kann
- die Rechnung fast immer als nicht prüffähig zurückgewiesen und
- der Honoraranspruch somit nicht fällig gestellt werden.

6.1

Musterrechnung

Herrn
Dr. Peter **Mustermann**
Musterstraße 1

34567 Musterstadt

Honorarrechnung[1]

Rechnung:	lfd.Nr.	Projekt:	Ust-IdNr.:	Datum:	Signum:
00001	B1638-1	DE 184690529	??.??.??	???	
(bei Überweisung mit angeben)					

Projekt:	Umbau Ärztehaus in 34567 Musterhausen

Sehr geehrter **Herr Dr. Mustermann**,

nach Erfüllung unseres Vertrags vom 19.08.2009 im Zeitraum von ??.??.?? bis ??.??.?? überreichen wir Ihnen beiliegende Rechnung. Zur besseren Nachvollziehbarkeit unserer Rechnungslegung sind alle Parameter, wie Honoraranspruchsgrundlage, Honorarberechnungsgrundlage und Fachbegriffe aus dem Preisrecht HOAI in beiliegender Anlage erläutert.

Honorar netto:	=	**448.058,90 €**
zzgl. 5 % Nebenkosten:	=	**22.402,94 €**
Zwischensumme:	=	**470.461,84 €**
abzgl. Abschlagszahlung Nr. 1 vom ??.??.?? netto		168.067.23 €
abzgl. Abschlagszahlung Nr. 2 vom ??.??.?? netto		168.067.23 €
Restanspruch (netto):	=	**134.327,38 €**
zuzüglich 19 % Mehrwertsteuer in Höhe von	=	**25.522,20 €**
Restanspruch (brutto):		**159.849,58 €**

6.2

Es wird gebeten, den Rechnungsbetrag von:	159.849,58 €
unter Bezug auf die Rechnungsnummer (lfd.Nr.-Projekt):	00001-B1638-1
auf unser Konto:	205 655 000
Bank:	Volksbank Musterhofen
Bankleitzahl:	611 665 00
bis zum:	??.??.????
zu überweisen.	

Mit freundlichem Gruß

Architekt **Musterplaner**

Gemäß § 14b Abs. 1 Satz 5 Umsatzsteuergesetz besteht die Verpflichtung, diese Rechnung zwei Jahre lang aufzubewahren. Die Frist beginnt mit dem Schluss des Kalenderjahres, in dem die Rechnung ausgestellt wurde. Es ist darauf hinzuweisen, dass ein zahlungspflichtiger Rechnungsempfänger gemäß § 268 Abs. 3 BGB in Verzug kommt, wenn er die Zahlung nicht innerhalb von 30 Tagen nach Fälligkeit und Zugang der Rechnung leistet. Eine Geldschuld ist während des Verzugs mit 5 Prozent über dem Basiszinssatz zu verzinsen.

---

1 In diesem Rechnungsmuster sind alle von den Autoren fiktiv eingesetzten Angaben, wie Rechnungsnummer, Projektnummer, Datum, Postleitzahlen, Umsatzsteuer-Identitätsnummer, variablen Honorarberechnungsparameter und Rechenergebnisse individuell zu ändern.

Leistungsbild:	Objektplanung für Gebäude (Umbau)
Vertragsgrundlage:	Schriftvertrag vom 19.08.2009
Berechnungsgrundlage:	HOAI 2009
Vertragsgegenstand:	Umbau Ärztehaus in 34567 Musterhausen
Berechnungskriterien:	

- **Leistungsumfang** der Beauftragung laut Vertrag: 97 %
  gemessen an § 33 Abs. 1 wie folgt:

1. Grundlagenermittlung	3 %
2. Vorplanung	7 %
3. Entwurfsplanung	11 %
4. Genehmigungsplanung	6 %
5. Ausführungsplanung	25 %
6. Vorbereitung der Vergabe	10 %
7. Mitwirkung bei der Vergabe	4 %
8. Objektüberwachung	31 %
9. Objektbetreuung und Dokumentation	0 %
Gesamt	**97 %**

- **Honorarzone** laut Vertrag und Kontrolle nach § 34 Abs. 2, 4 + 5:   IV
- **Honorarsatz** laut Vertrag: Mittelsatz
- **Anrechenbare Kosten** nach Kostenberechnung: 2.687.499,99 €
- **Zuschlagsvereinbarung** laut Vertrag: 60 % des Nettohonorars
- **Nebenkostenvereinbarung** laut Vertrag: 5 % des Nettohonorars

---

Honorarberechnung (Honorartafel des § 34 Abs. 1 unter Berücksichtigung von § 13):

bei   2.500.000,00 €   =   (254.487 + 288.842) : 2   = 271.664,50 €
bei   3.000.000,00 €   =   (297.639 + 336.534) : 2   = 317.086,50 €
bei   2.687.499,99 €   =   271.664,50 €

$$+ \frac{(317.086,50 - 271.664,50) \times (2.687.499,99 - 2.500.000,00)}{(3.000.000,00 - 2.500.000,00)} \quad = \quad 17.033,24 \text{ €}$$

Honoraranspruch:	100 %	=	288.697,74 €
Hiervon Leistungsumfang:	97 %	=	280.036,81 €
zuzüglich Umbauzuschlag:	60 %	=	168.022,09 €
Zwischensumme:		=	448.058,90 €
zuzüglich Nebenkosten:	5 %	=	22.402,94 €
Zwischensumme:		=	470.461,84 €
zuzüglich Mehrwertsteuer:	19 %	=	89.387,75 €
Endsumme:		=	559.849,59 €

Erläuterungen zur Honorarrechnung

1.   Anspruchsgrundlage

Anspruchsgrundlage für die vorliegende Honorarforderung ist der schriftliche Vertrag, der bei Auftragserteilung am 19.08.2009 geschlossen worden ist.

2.   Honorarberechnungsgrundlage

Entsprechend dem Architektenvertrag vom 19.08.2009 erfolgte die Auftragserteilung nach dem 18.08.2009 und somit innerhalb des Gültigkeitszeitraumes der HOAI 2009.

3.   Honorarberechnungskriterien

3.1   Leistungsumfang der Beauftragung

Der Leistungsumfang ergibt sich regelmäßig aus der vertraglichen Vereinbarung, in der der werkvertraglich geschuldete Erfolg definiert wurde. Die vertragliche Vereinbarung ist an den in der HOAI aufgestellten Leistungsbildern abzugleichen und ein entsprechender Vomhundertsatz in die Honorarberechnung einzustellen.

Aus dem Leistungsbild der Objektplanung für Gebäude wurden die Leistungen für die Planung und die Bauleitung in Auftrag gegeben. Die Nachsorgeleistungen analog Objektbetreuung und Dokumentation wurden nicht beauftragt. Abgeglichen an § 33 HOAI bedeutet das einen Leistungsumfang von 97 %, der sich wie folgt darstellt:

	Leistungsphasen	laut § 33 HOAI	beauftragt	erbracht
1	Grundlagenermittlung	3 %	3 %	3 %
2	Vorplanung	7 %	7 %	7 %
3	Entwurfsplanung	11 %	11 %	11 %
4	Genehmigungsplanung	6 %	6 %	6 %
5	Ausführungsplanung	25 %	25 %	25 %
6	Vorbereitung der Vergabe	10 %	10 %	10 %
7	Mitwirkung Vergabe	4 %	4 %	4 %
8	Objektüberwachung	31 %	31 %	31 %
9	Objektbetreuung und Dokumentation	3 %	0 %	0 %
1- 9	**Gesamt:**	**100 %**	**97 %**	**97 %**

3.2   Honorarzone

Im Architektenvertrag vom 19.08.2009 ist die Honorarzone IV schriftlich vereinbart. Eine solche Vereinbarung ist gültig, sofern diese Festlegung nicht gegen die Mindest- bzw. Höchstsatzbestimmung der HOAI in Verbindung mit Artikel 10 § 1 und 2 MRVG verstößt. Eine Kontrolle hierüber ist in vorliegendem Fall erfolgt.

Eine **Grobbewertung** nach § 5 Abs. 1 und Abs. 4 sowie § 34 Abs. 2 i.V.m. Anlage 3 Ziffer 3.1 ergibt folgende Zuordnung:

6.2

Bewertungsmerkmale nach Planungsanforderungen:	Bewertung der Planungsanforderungen nach Schwierigkeitsgrad:				
	sehr gering	gering	durchschnittlich	überdurch-schnittlich	sehr hoch
Einbindung in die Umgebung			X		
Anzahl der Funktionsbereiche				X	
Gestalterische Anforderungen			X		
Konstruktive Anforderungen				X	
Technische Gebäudeausrüstung				X	
Ausbau				X	
	I	II	III	IV	V
	HONORARZONE: III oder IV				

Da das vorliegende Bauvorhaben nach einer Grobbewertung nicht eindeutig einer Honorarzone zugeordnet werden kann, ist eine **Feinbewertung** (Punktebewertung) nach § 34 Abs. 2, 4 und 5 HOAI vorzunehmen. Nach dem hier verwendeten Bewertungsschema (nach Eich/Eich) ergibt sich folgende Zuordnung:

Bewertungsmerkmale nach Planungsanforderungen:	Bewertung der Planungsanforderungen nach Schwierigkeitsgrad:								
	sehr gering		gering		durchschnittlich		überdurch-schnittlich		sehr hoch
Einbindung in die Umgebung	1		2		3	4	5		6
Anzahl der Funktionsbereiche	1	2	3	4	5		6	7	8 9
Gestalterische Anforderungen	1	2	3	4	5		6	7	8 9
Konstruktive Anforderungen	1		2		3	4	5		6
Technische Gebäudeausrüstung	1		2		3	4	5		6
Ausbau	1		2		3	4	5		6
Gesamtpunktzahl:	**29,5**								
	1 bis 10		11 bis 18		19 bis 26		27 bis 34		35 bis 42
	I		II		III		IV		V
	HONORARZONE: IV								

Die Planungsleistungen für das Gebäude fallen entsprechend der Feinbewertung in die **Honorarzone IV**.

3.3　Honorarsatz

Im Architektenvertrag vom 19.08.2009 wurde der **Mittelsatz** vereinbart. Da diese Vereinbarung **bei Auftragserteilung in Schriftform** getroffen wurde, sind die Voraussetzungen des § 7 Abs. 1 HOAI eingehalten und der Mittelsatz ist somit rechtsgültig.

3.4　Anrechenbare Kosten

3.4.1　Herstellungskosten

Die auf der Grundlage der **Entwurfsplanung** ermittelten **Herstellungskosten**, die nach Gewerken und/oder Grobelementen ausgewiesen wurden, werden nachfolgend den Kostengruppen (KG) der DIN-276 in der Fassung von Dezember 2008 zugeordnet, um die Anrechenbaren Kosten für die Honorarbemessung HOAI-konform errechnen zu können:

Bezeichnung	Bruttobetrag in €	KG
Sicherungsmaßnahmen für vorhandene Bauwerksteile	20.000,00	211
Abbruch von vorhandenen Bauwerksteilen	40.000,00	212
Sanieren kontaminierter Böden	10.000,00	213
Baugrubenaushub und Baugrubenumschließung	60.000,00	311
Baugrubenwasserhaltungsmaßnahmen	10.000,00	313
Flachgründungsmaßnahmen	10.000,00	322
Bodenplatte	50.000,00	324
Bauwerksabdichtung	20.000,00	326
Drainagen	30.000,00	327
Außenwände, tragend inkl. Außen- und Innenverkleidungen	500.000,00	331
Außenwände, nicht tragend inkl. Verkleidungen	200.000,00	332
Innenwände	250.000,00	342
Innentüren	80.000,00	344
Innenwandverkleidungen	150.000,00	345
Deckenbeläge	100.000,00	352
Deckenbekleidungen	200.000,00	353
Dachfenster	100.000,00	362
Dachbeläge	140.000,00	363
Einbauküchen und Einbauregale	100.000,00	371
Abwasserleitungen	80.000,00	411
Wasserleitungen und Sanitärobjekte	40.000,00	412
Heizleitungen	80.000,00	422
Heizkörper	120.000,00	423
Lüftungsanlagen	40.000,00	431
Elektrokabel	80.000,00	444
Einbauleuchten	60.000,00	445
Blitzschutz	20.000,00	446
Türsprechanlage	50.000,00	452
Fernsehanlagen	20.000,00	455
Brandschutzanlagen	10.000,00	456
Personenaufzug	40.000,00	461
Anlage zur Getränkezubereitung	40.000,00	471
Sprinkleranlagen	60.000,00	475
Abfallentsorgungsanlagen	40.000,00	478
Staubsauganlagen	20.000,00	478
Geländeflächenab- und -auftrag	30.000,00	512
Zufahrten	40.000,00	521
Stellflächen	30.000,00	524
Einfriedungen	10.000,00	531
Spielteich	10.000,00	538

6.2

Zufahrtsrampenheizung	15.000,00	544
Kinderspielgeräte und Fahrradständer	10.000,00	551
Pflanzung von Büschen und Raseneinsaat	5.000,00	562
Möbel, Geräte und Vorhänge	40.000,00	611
Schilder und Wegweiser	10.000,00	619
Künstlerische Glasarbeiten im Eingangsbereich	30.000,00	622

Summe der prognostizierten Kosten laut Kostenberechnung   3.100.000,00

Nach Ende der Baumaßnahme musste festgestellt werden, dass gemäß der Honorarberechnungssystematik der HOAI weitere fiktive Kosten in die Honorarbemessungsgrundlage wie folgt eingestellt werden müssen:

Bezeichnung	Bruttobetrag in € Ansatz mit ortsüblichen Preisen	KG
Nicht übliche Vergünstigungen durch Bauunternehmer	5.000,00	336
Eigenleistungen des AG (Malerarbeiten an Innenwänden)	40.000,00	349
Einbau vorbeschaffter Innenwandvertäfelung	50.000,00	348
Mitverarbeitete Bausubstanz der Baukonstruktion	200.000,00	399
Mitverarbeitete Bausubstanz der Technischen Anlagen	50.000,00	499
Mitverarbeitete vorhandene Teile der Ausstattung	20.000,00	699

Summe der fiktiven Kosten   365.000,00

Summe der prognostizierten und fiktiven Kosten: 3.465.000,00

§ 6 Abs. 1 HOAI bestimmt, dass sich das Honorar für die Leistungen für Gebäude
• nach der Kostenberechnung, die auf der Grundlage der Entwurfsplanung,
  oder soweit diese aufgrund des Planungsfortschritts noch nicht vorliegt,
• nach der Kostenschätzung, die auf der Grundlage der Vorplanung erfolgt,
zu richten hat.

Musterrechnung

Die soeben ermittelten Herstellungskosten stellen sich nach der Systematik der **DIN 276**,
Ausgabe Dezember 2008, wie folgt dar:

KG	Bezeichnung	brutto €	MWSt. €	netto €
100	**Grundstück**			
110	**Grundstückswert**	250.000,00	39.915,97	210.084,03
120	**Grundstücksnebenkosten**	50.000,00	7.983,19	42.016,81
130	**Freimachen**	10.000,00	1.596,64	8.403,36
∑ 100	**Gesamtsumme Kostengruppe 100**	**310.000,00**	**49.495,80**	**260.504,20**
200	**Herrichten und Erschließen**			
210	**Herrichten**			
211	Sicherungsmaßnahmen	20.000,00	3.193,28	16.806,72
212	Abbruchmaßnahmen	40.000,00	6.386,56	33.613,44
213	Altlastenbeseitigung	10.000,00	1.596,64	8.403,36
∑ 210	**Herrichten**	**70.000,00**	**11.176,48**	**58.823,52**
220	**Öffentliche Erschließung**			
230	**Nicht öffentliche Erschließung**			
240	**Ausgleichsabgaben**			
250	**Übergangsmaßnahmen**			
∑ 200	**Gesamtsumme Kostengruppe 200**	**70.000,00**	**11.176,48**	**58.823,52**
300	**Bauwerk - Baukonstruktionen**			
310	**Baugrube**			
311	Baugrubenaushub und -umschließung	60.000,00	9.579,83	50.420,17
313	Baugrubenwasserhaltungsmaßnahmen	10.000,00	1.596,64	8.403,36
∑ 310	**Baugrube**	**70.000,00**	**11.176,47**	**58.823,53**
320	**Gründung**			
322	Flachgründungsmaßnahmen	10.000,00	1.596,64	8.403,36
324	Bodenplatte	50.000,00	7.983,19	42.016,81
326	Bauwerksabdichtung	20.000,00	3.193,28	16.806,72
327	Drainagen	30.000,00	4.789,92	25.210,08
∑ 320	**Gründung**	**110.000,00**	**17.563,03**	**92.436,97**
330	**Außenwände**			
331	tragende Außenwände inkl. Verkleidungen	500.000,00	79.831,93	420168,07
332	nicht tragende Außenwände inkl. Verkleidg.	200.000,00	31.932,77	168.067,23
336	nicht übliche Vergünstigg. bei Außenwandarb.	5.000,00	798,32	4.201,68
∑ 330	**Außenwände**	**705.000,00**	**112.563,03**	**592.436,97**
340	**Innenwände**			
342	Innenwände	250.000,00	39.915,97	210.084,03
344	Innentüren	80.000,00	12.773,11	67.226,89
345	Innenwandverkleidungen	150.000,00	23.949,58	126.050,42
348	Einbau vorbeschaffter Innenwandvertäfelung	50.000,00	7983,19	42.016,81
349	Eigenleistung Malerarbeiten an Innenwänden	40.000,00	6.386,55	33.613,45
∑ 340	**Innenwände**	**570.000,00**	**91.008,40**	**478.991,60**
350	**Decken**			
352	Deckenbeläge	100.000,00	15.966,39	84.033,61
353	Deckenbekleidungen	200.000,00	31.932,77	168.067,23
∑ 350	**Decken**	**300.000,00**	**47.899,16**	**252.100,84**
360	**Dächer**			
362	Dachfenster	100.000,00	15.966,39	84.033,61
363	Dachbeläge	140.000,00	22.352,94	117.647,06
∑ 360	**Dächer**	**240.000,00**	**38.319,33**	**201.680,67**
370	**Baukonstruktive Einbauten**			
371	Einbauküchen und Einbauregale	100.000,00	15.966,39	84.033,61
∑ 370	**Baukonstruktive Einbauten**	**100.000,00**	**15.966,39**	**84.033,61**
390	**Sonst. Maßnahmen für Baukonstruktionen**			
399	Mitverarbeitete Bausubstanz	200.000,00	31.932,77	168.067,23
∑ 390	**Sonst. Maßnahmen für Baukonstruktionen**	**200.000,00**	**31.932,77**	**168.067,23**
∑ 300	**Gesamtsumme Kostengruppe 300**	**2.295.000,00**	**366.428,57**	**1.928.571,43**

6.2

400	Bauwerk – Technische Anlagen			
410	Abwasser-, Wasser-, Gasanlagen			
411	Abwasserleitungen	80.000,00	12.773,11	67.226,89
412	Wasserleitungen und Sanitärobjekte	40.000,00	6.386,56	33.613,44
∑ 410	Abwasser-, Wasser-, Gasanlagen	120.000,00	19.159,67	100.840,33
420	Wärmeversorgungsanlagen			
422	Heizleitungen	80.000,00	12.773,11	67.226,89
423	Heizkörper	120.000,00	19.159,66	100.840,34
∑ 420	Wärmeversorgungsanlagen	200.000,00	31.932,77	168.067,23
430	Lufttechnische Anlagen			
431	Lüftungsanlagen	40.000,00	6.386,56	33.613,44
∑ 430	Lufttechnische Anlagen	40.000,00	6.386,56	33.613,44
440	Starkstromanlagen			
444	Elektrokabel	80.000,00	12.773,11	67.226,89
445	Einbauleuchten	60.000,00	9.579,83	50.420,17
446	Blitzschutz	20.000,00	3.193,28	16.806,72
∑ 440	Starkstromanlagen	160.000,00	25.546,22	134.453,78
450	Fernmelde- u. informationstechn. Anlagen			
452	Türsprechanlage	50.000,00	7.983,19	42.016,81
455	Fernsehanlagen	20.000,00	3.193,28	16.806,72
456	Brandschutzanlage	10.000,00	1.596,64	8.403,36
∑ 450	Fernmelde- u. informationstechn. Anlagen	80.000,00	12.773,11	67.226,89
460	Förderanlagen			
461	Personenaufzug	40.000,00	6.386,56	33.613,44
∑ 460	Förderanlagen	40.000,00	6.386,56	33.613,44
470	Nutzungsspezifische Anlagen			
471	Anlage zur Getränkezubereitung	40.000,00	6.386,56	33.613,44
475	Sprinkleranlage	60.000,00	9.579,83	50.420,17
478	Abfallentsorgungsanlage	40.000,00	6.386,56	33.613,44
478	Staubsauganlage	20.000,00	3.193,28	16.806,72
∑ 470	Nutzungsspezifische Anlagen	160.000,00	25.546,23	134.453,77
480	Gebäudeautomation			
490	Sonst. Maßnahmen für technische Anlagen			
499	Mitverarbeitete Bausubstanz	50.000,00	42.016,81	7.983,19
∑ 490	Sonst. Maßnahmen für technische Anlagen	50.000,00	42.016,81	7.983,19
∑ 400	Gesamtsumme Kostengruppe 400	850.000,00	135.714,29	714.285,71

500	Außenanlagen			
510	Geländeflächen			
512	Geländeflächenab- und auftrag	30.000,00	4.789,92	25.210,08
∑ 510	Geländeflächen	30.000,00	4.789,92	25.210,08
520	Befestigte Flächen			
521	Zufahrten	40.000,00	6.386,56	33.613,44
524	Stellflächen	30.000,00	4.789,92	25.210,08
∑ 520	Befestigte Flächen	70.000,00	11.176,48	58.823,52
530	Baukonstruktionen in Außenanlagen			
531	Einfriedungen	10.000,00	1.596,64	8.403,36
538	Spielteich	10.000,00	1.596,64	8.403,36
∑ 530	Baukonstruktionen in Außenanlagen	20.000,00	3.193,28	16.806,72
540	Technische Anlagen in Außenanlagen			
544	Zufahrtsrampenheizung	15.000,00	2.394,96	12.605,04
∑ 540	Technische Anlagen in Außenanlagen	15.000,00	2.394,96	12.605,04
550	Einbauten in Außenanlagen			
551	Kinderspielgeräte und Fahrradständer	10.000,00	1.596,64	8.403,36
∑ 550	Einbauten in Außenanlagen	10.000,00	1.596,64	8.403,36
560	Wasserflächen			
562	Pflanzung von Büschen und Raseneinsaat	5.000,00	798,32	4.201,68
∑ 560	Wasserflächen	5.000,00	798,32	4.201,68
570	Pflanz- und Saatflächen			
590	Sonstige Maßnahmen für Außenanlagen			
∑ 500	Gesamtsumme Kostengruppe 500	150.000,00	23.949,58	126.050,42

600	Ausstattung und Kunstwerke			
610	Ausstattung			
611	Möbel, Geräte und Vorhänge	40.000,00	6.386,56	33.613,44
619	Schilder und Wegweiser	10.000,00	1.596,64	8.403,36
∑ 610	Ausstattung	50.000,00	7.983,20	42.016,80
620	Kunstwerke			
622	Künstl. Glasarbeiten im Eingangsbereich	30.000,00	4.789,92	25.210,08
∑ 620	Kunstwerke	30.000,00	4.789,92	25.210,08
690	Sonstige Maßnahmen der Ausstattung			
699	Mitverarbeitete vorhandene Teile	20.000,00	3.193,28	16.806,72
∑ 690	Sonstige Maßnahmen der Ausstattung	20.000,00	3.193,28	16.806,72
∑ 600	Gesamtsumme Kostengruppe 600	100.000,00	15.966,39	84.033,61

700	Baunebenkosten			
710	Bauherrenaufgaben			
720	Vorbereitung der Objektplanung			
730	Architekten- und Ingenieurleistungen			
740	Gutachten und Beratung			
750	Kunst			
760	Finanzierung			
770	Allgemeine Baunebenkosten			
790	Sonstige Baunebenkosten			
∑ 700	Gesamtsumme Kostengruppe 700			

3.4.2 Anrechenbare Kosten Gebäude

Aus § 32 HOAI ergibt sich direkt und/oder indirekt, welche Kosten unter welchen Bedingungen als Bemessungsgrundlage für das Honorar für die Gebäudeplanung **anrechenbar** sind. Dabei sind verschiedene Kosten auf unterschiedliche Art und Weise anrechenbar. Es gibt Kosten, die

A: **immer** und **immer voll** anrechenbar sind,

B: **immer**, aber **nicht immer voll**, sondern **ggf. gemindert** anrechenbar sind,

C: **leistungsabhängig bedingt** anrechenbar sind, aber wenn ja, dann **voll**,

D: **unter bestimmten Voraussetzungen voll** oder **nicht** anrechenbar sind,

E: nicht direkt anfallen, aber unter Umständen **als fiktive Kosten** anrechenbar sind, und

F: **grundsätzlich nicht** anrechenbar sind,

und die sich bezogen auf die Kostengruppen der DIN 276 Ausgabe Dezember 2008 wie folgt darstellen lassen:

6.2

HOAI	F	KG	Bezeichnung	wie anrechenbar
	F	100	Grundstück	grundsätzlich nicht
§ 32 Abs. 3	C	210	Herrichten	bedingt, aber wenn ja, dann voll
	F	220	öffentliche Erschließung	grundsätzlich nicht
§ 32 Abs. 3	C	230	nichtöffentliche Erschließung	leistungsabhängig bedingt, aber wenn ja, dann voll
	F	240	Ausgleichsabgaben	grundsätzlich nicht
	F	250	Übergangsmaßnahmen	grundsätzlich nicht
§ 32 Abs. 1	A	300	Baukonstruktion	immer, und immer: voll
§ 32 Abs. 2	B	400	Technische Anlagen	immer, aber ggf. voll, ggf. gemindert
§ 32 Abs. 4	D	500	Außenanlagen	wenn < 7.500 €: ja, wenn ≥ 7.500 €: nein
§ 32 Abs. 3	C	610	Ausstattung	bedingt, aber wenn ja, dann voll
§ 32 Abs. 3	C	620	Kunstwerke	bedingt, aber wenn ja, dann voll
	F	700	Baunebenkosten	grundsätzlich nicht
§ 4 Abs. 1	F		Mehrwertsteueranteile	grundsätzlich nicht

Aus § 4 Abs. 2 HOAI ergibt sich, dass **ortsübliche Preise** in die Bemessungsgrundlage des Architektenhonorars einzubeziehen sind, sofern der Auftraggeber

§ 4 Abs. 2 S. 1	E	selbst Lieferungen oder Leistungen übernimmt,
§ 4 Abs. 2 S. 2	E	von bauausführenden Unternehmen oder Lieferanten sonst nicht übliche Vergünstigungen erhält,
§ 4 Abs. 2 S. 3	E	Lieferungen und Leistungen in Gegenrechnung ausführt oder
§ 4 Abs. 2 S. 4	E	vorhandene oder vorbeschaffte Baustoffe oder Bauteile einbauen lässt,

Gleiches gilt auch für die vorhandene Bausubstanz und wieder verwendete Teile, die der Architekt (gestalterisch oder technisch) mitverarbeitet.[2]

Somit sind im vorliegenden Fall folgende Kosten für die Honorarbemessung für die **Gebäudeplanung** anrechenbar:

Fall	KG	anrechenbar	Zwischen-summe in €	Summe in €
∑ A	300	**Baukonstruktion: voll**	1.928.571,43	1.928.571,43
∑ C	210	**Herrichten**		
	211	Sicherungsmaßnahmen: voll (geplant)	16.806,72	
	212	Abbruchmaßnahmen: voll (Ausführung überwacht)	33.613,44	
	213	Altlastenbeseitigung: voll (Ausführung überwacht)	8.403,36	
	210		58.823,52	58.823,52
	230	**Nichtöffentliche Erschließung**	0,00	
	600	**Ausstattung und Kunstwerke**		
	610	Ausstattung neu: voll (bei Beschaffung mitgewirkt)	42.016,81	
	620	Kunstwerke neu: voll (Einbau fachlich überwacht)	25.210,08	
	600	mitverarbeitete vorhandene Teile	16.806,72	
	600		84.033,61	84.033,61
∑ D	500	**Außenanlagen: hier nein**, da Kosten > 7.500 €	0,00	
∑ A, C, D		**Sonstige anrechenbare Kosten** im Sinne des § 32 Abs. 2 HOAI		2.071.428,56
∑ B	400	**Technische Anlagen: Gemäß 32 Abs. 2 HOAI gemindert**, da die Summe von 714.285,71 die 25 %-Marke der sonstigen anrechenbaren Kosten in Höhe von 2.071.428,56 übersteigt. Somit erfolgt folgende Minderung: Anrechenbar bis 25 % von 2.071.428,56 = zzgl. 50 % des übersteigenden Betrags, berechnet wie folgt: 714.285,71 - 517.857,14 = 196.428,57 x 50 % =	517.857,14 98.214,29	
			616.071,43	616.071,43
∑ A-E		**Anrechenbare Kosten für Honorarberechnung Gebäudeplanung**		2.687.499,99

3.5 Umbauzuschlag

Gemäß § 35 Abs. 1 HOAI sind die Honorare bei Umbauten und Modernisierungen im Sinne des § 2 Nr. 6 und 7 mit der Maßgabe zu ermitteln, dass eine Erhöhung der Honorare um einen Vomhundertsatz schriftlich zu vereinbaren ist. Bei der Vereinbarung der Höhe des Zuschlags ist insbesondere der Schwierigkeitsgrad der Leistungen zu berücksichtigen. Es kann ein Zuschlag von bis zu 80 Prozent vereinbart werden. Sofern nicht etwas anderes schriftlich vereinbart ist, gilt ab Honorarzone II ein Zuschlag von 20 Prozent als vereinbart.

Vorliegend wurde im schriftlichen Architektenvertrag vom 19.08.2009 ein Umbauzuschlag von 60 % des Nettohonorars vereinbart.

---

2 Vergleiche hierzu die Ausführungen im Rahmen der Erläuterungen zum Vertrag zu Ziffer 7.4.3.1.

3.6 Nebenkosten

Gemäß § 14 Abs. 3 HOAI können Nebenkosten entweder pauschal oder nach Einzelnachweis abgerechnet werden. Nebenkosten sind nach Einzelnachweis abzurechnen, sofern nicht bei Auftragserteilung eine pauschale Abrechnung schriftlich vereinbart wurde.

Vorliegend wurde im schriftlichen Architektenvertrag vom 19.08.2009 eine Nebenkostenpauschale in Höhe von 5 % des Nettohonorars vereinbart.

3.7 Umsatzsteuer

Gemäß § 16 Abs. 1 HOAI hat der Auftragnehmer Anspruch auf Ersatz der gesetzlich geschuldeten Umsatzsteuer.

Die Höhe des zu berücksichtigenden Mehrwertsteuersatzes hängt von dem Zeitpunkt der Leistungserbringung ab, d.h. dem Zeitpunkt der frühest möglichen Rechnungsstellung, unabhängig von dem Zeitpunkt der tatsächlichen Rechnungsstellung. Dieser Zeitpunkt ist bei einem Werkvertrag grundsätzlich erst mit der vollständigen Erfüllung der vertraglich geschuldeten Leistung oder bei Beendigung des Vertragsverhältnisses gegeben. Der derzeit geltende Mehrwertsteuersatz liegt bei 19 %.

4 Honorarberechnung

Die Honorartafel des § 34 HOAI weist für Anrechenbare Kosten zwischen 25.565 € und 25.564.594 € für die fünf Honorarzonen das Honorar für einen Vollauftrag jeweils nach Mindestsatz und Höchstsatz aus.

4.1 Interpolation zwischen Mindest- und Höchstsatz

Das Honorar für den Mittelsatz ergibt sich aus:

Honorar für den Mindestsatz + 50 % aus der Differenz der Honorare von Höchst- und Mindestsatz.

6.2

So ergeben sich bei Honorarzone IV und Anrechenbaren Kosten von 2.500.000 € bzw. 3.000.000 € Mittelsätze in Höhe von:

Anrechenbare Kosten	Berechnung des Mittelsatzhonorars
2.500.000,00	254.487 + (288.842 - 254.487) x 50 % = **271.664,50 €**
3.000.000,00	297.639 + (336.534 - 297.639) x 50 % = **317.086,50 €**

4.2 Interpolation zwischen den Tafelwerten

Das Honorar für Zwischenstufen der Tabellenwerte der Anrechenbaren Kosten errechnet sich wie folgt:

$? €$ = a + (b * c) : d
$? €$ = gesuchtes Honorar
a = Honorar des nächstniedrigeren Wertes der Anrechenbaren Kosten
b = Differenz zwischen den tatsächlich Anrechenbaren Kosten und dem nächstniedrigeren Wert der Anrechenbaren Kosten
c = Differenz der Honorare für die nächsthöheren und nächstniedrigeren Anrechenbaren Kosten
d = Differenz der in der Tabelle nacheinander genannten Anrechenbaren Kosten

So ergibt sich die in der Rechnung dargestellte Honorarberechnung für Anrechenbare Kosten laut Kostenanschlag in Höhe von **2.687.499,99 €** wie folgt:

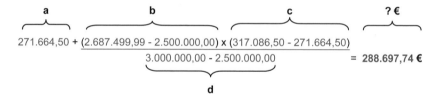

$$271.664,50 + \frac{(2.687.499,99 - 2.500.000,00) \times (317.086,50 - 271.664,50)}{3.000.000,00 - 2.500.000,00} = 288.697,74 \text{ €}$$

Bewertung der Leistungen

7.

Bewertung der Leistungen

Die HOAI unterteilt das Leistungsbilder Objektplanung für Gebäude in neun Leistungsphasen. Diesen ordnet sie unterschiedlich viele sogenannte Leistungen zu, die sie dann in Relation zu einem vollen Architektenauftrag zwar nicht einzeln, aber leistungsphasenbezogen summarisch wie folgt gewichtet:

Leistungsphasen	Gewichtung
1. Grundlagenermittlung	3,0 %
2. Vorplanung	7,0 %
3. Entwurfsplanung	11,0 %
4. Genehmigungsplanung	6,0 %
5. Ausführungsplanung	25,0 %
6. Vorbereitung der Vergabe	10,0 %
7. Mitwirkung bei der Vergabe	4,0 %
8. Objektüberwachung – Bauüberwachung	31,0 %
9. Objektbetreuung und Dokumentation	3,0 %
Gesamt	100,0 %

Die HOAI setzt damit Honoraranteile ins Verhältnis zum Planungsaufwand, bindet Honorar an reine Planungshandlungen, an Arbeitsschritte, an Tätigkeiten und verletzt dabei das grundlegende Werkvertragsprinzip, dass der Werklohn für den Erfolg steht und nicht für die Arbeit.

Dies verleitet die Auftraggeberseite oftmals dazu, trotz eingetretenen Werkerfolgs Honoraranteile einzubehalten, wenn Arbeitsgänge und reine Planungsschritte, die als Leistungen im Leistungsbild des § 15 HOAI aufgezählt sind, erkennbar nicht erbracht worden sind. Die Autoren halten dies für grundlegend falsch.

Anstatt das Pferd von hinten aufzuzäumen ist zunächst die Frage zu stellen, was bei einem Architektenvertrag von den Vertragsparteien geschuldet ist.

Vollauftrag

Ergeht ein Vollauftrag an den Architekten und ist der geschuldete Werkerfolg herbeigeführt, so steht dem Architekten ein volles, auf der Grundlage der HOAI-Systematik errechnetes 100%iges Honorar zu.

Teilauftrag

Teilauftrag nach Leistungsphasen

Grundsätzlich ist es dem Bauherrn möglich, Aufträge nicht nur in Gänze, sondern auch in Teilen zu vergeben.

Wird ein Auftrag exakt an den Schnittstellen der neun Leistungsphasen gestückelt und vergeben, so hat sich die Höhe der Vergütung für den jeweiligen Teilauftrag an den von der HOAI vorgegebenen Honoraranteilen zu orientieren. Unter der hypothetischen Annahme, die vom Verordnungsgeber vorgenommene Gewichtung der Leistungsphasen sei ausgewogen,[1] ist ein angemessenes Honorar somit bestimmt.

7.

---

1   Die Erfahrung hat gelehrt, dass die in § 33 HOAI dargestellte Phasenbewertung nicht praxisbezogen ist. Hierüber soll jedoch an dieser Stelle nicht diskutiert werden.

Teilauftrag kleinteiliger als nach Leistungsphasen

Der Bauherr ist bei der Auftragsvergabe nicht an die Vorgaben der Leistungsphasenteilung gebunden, sondern kann die Unterteilung beliebig verfeinern. Da die HOAI jedoch keine kleinteiligere Honorardifferenzierung als die Einteilung in die neun Leistungsphasen aufweist, stehen bei Fällen mit derartiger Vertragsgestaltung über die Gebührenordnung keine Vorgaben für eine ausgewogene leistungsbezogene Honorierung zur Verfügung.

Da es hierfür aber Bedarf gab, entstanden folgerichtig im Laufe der Jahre verschiedene Splittingtabellen, so beispielsweise diejenigen von Steinfort oder Pott/Dahlhoff/Kniffka, die in diesem Punkt Hilfestellung boten.

Jedoch ist eine starre Prozentbewertung der Leistungen absolut nicht praxisbezogen, da sie das Wesentliche im Planungs- und Bauprozess, die individuelle Bandbreite der Gewichtung der einzelnen Leistungen von Fall zu Fall, ignoriert. Die einzelnen Planungsschritte sind nie gleich gewichtig. Sie schwanken in ihrer Bedeutung und können im Einzelfall überproportional wichtig, aufwendig und erfolgsrelevant werden. In anderen Fällen kann ihre Bewertung aber auch gegen Null gehen.

Manche Splittingtabellen berücksichtigen zwar eine Bewertungsbandbreite der einzelnen Arbeitsschritte, schließen deren Bewertung mit Null aber aus. Dies ist zu kurz gegriffen.

Es gibt immer wieder Fälle, in denen gewisse Arbeitsschritte extrem unwichtig sind und zur Herbeiführung des vertraglich geschuldeten Erfolgs nicht erbracht werden müssen oder können. Wie sollte der Architekt beispielsweise die Planung des Ingenieurs für Elektrotechnik als anderen an der Planung fachlich Beteiligten integrieren, wenn in der geplanten Feldscheune überhaupt keine Beleuchtung vorgesehen ist und ein Ingenieur für Elektrotechnik daher überhaupt nicht in das Planungsgeschehen involviert ist? In einem solchen Fall muss die entsprechende Leistung logischerweise mit 0 % bewertet werden können. Würde sie mit einem Wert über 0 % bewertet, hätte dies einen ungerechtfertigten Honorarabzug zur Folge.[2]

Hierauf nimmt die nachfolgende Tabelle von Eich/Eich Rücksicht.

Wenn bei der Gestaltung des Architektenvertrags einzelne Planungsleistungen entweder von der Beauftragung ausgenommen oder eigenständig beauftragt werden, muss selbstverständlich das Planerhonorar dementsprechend angeglichen werden. Dies kann unter Zuhilfenahme der folgenden Tabelle geschehen.

---

2 Die Regulierung des Honorars erfolgt im Falle der Feldscheune nicht über Abzüge am Leistungsumfang, sondern über den Ansatz einer geringen Honorarzone und den Anfall nur geringer anrechenbarer Kosten.

Leistungen[3] bei der Planung von Gebäuden nach Anlage 11 zu § 33 HOAI

Gewichtung der Arbeitsschritte (nach Eich/Eich) in Prozentpunkten

Lph. 1	Grundlagenermittlung	von bis	Ø i.M.
1.a	Klären der Aufgabenstellung	1,00 2,00	1,50
1.b	Beraten zum gesamten Leistungsbedarf	0,50 1,50	1,00
1.c	Formulieren von Entscheidungshilfen für die Auswahl anderer an der Planung fachlich Beteiligter	0,20 0,40	0,30
1.d	Zusammenfassen der Ergebnisse	0,10 0,30	0,20
∑ 1	**Leistungsphase 1 gesamt**		**3,00**

Lph. 2	Vorplanung	von bis	Ø i.M.
2.a	Analyse der Grundlagen	0,10 0,30	0,20
2.b	Abstimmung der Zielvorstellungen (Randbedingungen, Zielkonflikte)	0,10 0,30	0,20
2.c	Aufstellen eines planungsbezogenen Zielkatalogs (Programmziele)	0,20 0,40	0,30
2.d	Erarbeiten eines Planungskonzepts einschließlich Untersuchung der alternativen Lösungsmöglichkeiten nach gleichen Anforderungen mit zeichnerischer Darstellung und Bewertung, zum Beispiel versuchsweise zeichnerische Darstellungen, Strichskizzen, gegebenenfalls mit erläuternden Angaben	3,00 4,00	3,50
2.e	Integrieren der Leistungen anderer an der Planung fachlich Beteiligter	0,20 1,00	0,60
2.f	Klären und Erläutern der wesentlichen städtebaulichen, gestalterischen, funktionalen, technischen, bauphysikalischen, wirtschaftlichen, energiewirtschaftlichen (zum Beispiel hinsichtlich rationeller Energieverwendung und der Verwendung erneuerbarer Energien) und landschaftsökologischen Zusammenhänge, Vorgänge und Bedingungen, sowie der Belastung und Empfindlichkeit der betroffenen Ökosysteme	0,20 1,00	0,60
2.g[4]	Vorverhandlungen mit Behörden und anderen an der Planung fachlich Beteiligten über die Genehmigungsfähigkeit	0,00 1,00	0,50
2.h	[nur bei Freianlagen]		
2.i	Kostenschätzung nach DIN 276 oder nach dem wohnungsrechtlichen Berechnungsrecht	0,50 1,50	1,00
2.j	Zusammenstellen aller Vorplanungsergebnisse	0,00 0,20	0,10
∑ 2	**Leistungsphase 2 gesamt**		**7,00**

7.

---

3   Die in der HOAI als „**Leistungen**" bezeichneten **Einzeltätigkeiten** sind besser als Arbeitsschritte zu bezeichnen, da sie im Sinne des Werkvertragsrechts nicht erfolgsorientiert, sondern im Prinzip tätigkeitsbezogen sind.

4   Wenn die Baumaßnahme nicht genehmigungspflichtig ist, bedarf es keiner Befragung der Behörden. Somit kann in einem solchen Fall der Aufwand für die Grundleistung unter Umständen auch Null sein.

Lph. 3	Entwurfsplanung	von bis	Ø i.M.
3.a	Durcharbeiten des Planungskonzepts (stufenweise Erarbeitung einer zeichnerischen Lösung) unter Berücksichtigung städtebaulicher, gestalterischer, funktionaler, technischer, bauphysikalischer, wirtschaftlicher, energiewirtschaftlicher (zum Beispiel hinsichtlich rationeller Energieverwendung und der Verwendung erneuerbarer Energie) und landschaftsökologischer Anforderungen unter Verwendung der Beiträge anderer an der Planung fachlich Beteiligter bis zum vollständigen Entwurf	1,00 3,00	2,00
3.b	Integrieren der Leistungen anderer an der Planung fachlich Beteiligter	0,20 1,00	0,60
3.c	Objektbeschreibung mit Erläuterung von Ausgleichs- und Ersatzmaßnahmen nach Maßgabe der naturschutzrechtlichen Eingriffsregelung	0,50 1,50	1,00
3.d	zeichnerische Darstellung des Gesamtentwurfs, zum Beispiel durchgearbeitete, vollständige Vorentwurfs- und/oder Entwurfszeichnungen (Maßstab nach Art und Größe des Bauvorhabens)	4,00 6,00	5,00
3.e	Verhandlungen mit Behörden und anderen an der Planung fachlich Beteiligten über die Genehmigungsfähigkeit	0,00 1,00	0,50
3.f	Kostenberechnung nach DIN 276 oder nach dem wohnungsrechtlichen Berechnungsrecht	1,00 2,00	1,50
3.g	Kostenkontrolle durch Vergleich der Kostenberechnung mit der Kostenschätzung	0,10 0,30	0,20
3.h	Zusammenfassen aller Entwurfsunterlagen	0,00 0,40	0,20
∑ 3	**Leistungsphase 3 gesamt**		**11,00**

Lph. 4	Genehmigungsplanung	von bis	Ø i.M.
4.a	Erarbeiten der Vorlagen für die nach den öffentlich-rechtlichen Vorschriften erforderlichen Genehmigungen oder Zustimmungen einschließlich der Anträge auf Ausnahmen und Befreiungen unter Verwendung der Beiträge anderer an der Planung fachlich Beteiligter sowie noch notwendiger Verhandlungen mit Behörden	5,00 6,00	5,50
4.b	Einreichen dieser Unterlagen	0,00 0,20	0,10
4.c	Vervollständigen und Anpassen der Planungsunterlagen, Beschreibungen und Berechnungen unter Verwendung der Beiträge anderer an der Planung fachlich Beteiligter	0,00 0,80	0,40
∑ 4	**Leistungsphase 4 gesamt**		**6,00**

Lph. 5	Ausführungsplanung	von bis	Ø i.M.
5.a	Durcharbeiten der Ergebnisse der Leistungsphasen 3 und 4 (stufenweise Erarbeitung und Darstellung der Lösung) unter Berücksichtigung städtebaulicher, gestalterischer, funktionaler, technischer, bauphysikalischer, wirtschaftlicher, energiewirtschaftlicher (zum Beispiel hinsichtlich rationeller Energieverwendung und der Verwendung erneuerbarer Energien) und landschaftsökologischer Anforderungen unter Verwendung der Beiträge anderer an der Planung fachlich Beteiligter bis zur ausführungsreifen Lösung	8,00 12,00	10,00
5.b	zeichnerische Darstellung des Objekts mit allen für die Ausführung notwendigen Einzelangaben, zum Beispiel endgültige, vollständige Ausführungs-, Detail- und Konstruktionszeichnungen im Maßstab 1:50 bis 1:1 mit den erforderlichen textlichen Ausführungen	12,00 16,00	14,00
5.c	[nur bei raumbildenden Ausbauten]	0,00 1,00	0,50
5.d[5]	Erarbeiten der Grundlagen für die anderen an der Planung fachlich Beteiligten und Integrierung ihrer Beiträge bis zur ausführungsreifen Lösung	0,00 1,00	0,50
5.e	Fortschreibung der Ausführungsplanung während der Objektausführung	0,00 1,00	0,50
∑ 5	**Leistungsphase 5 gesamt**		**25,00**

Lph. 6	Vorbereitung der Vergabe	von bis	Ø i.M.
6.a	Ermitteln und Zusammenstellen von Mengen als Grundlage für das Aufstellen von Leistungsbeschreibungen unter Verwendung der Beiträge anderer an der Planung fachlich Beteiligter	5,00 6,00	5,50
6.b	Aufstellen von Leistungsbeschreibungen mit Leistungsverzeichnissen nach Leistungsbereichen	2,00 6,00	4,00
6.c	Abstimmen und Koordinieren der Leistungsbeschreibungen der an der Planung fachlich Beteiligten	0,00 1,00	0,50
∑ 6	**Leistungsphase 6 gesamt**		**10,00**

7.

---

5   Es kann sich ergeben, dass die anderen an der Planung fachlich Beteiligten auf der **Entwurfsplanung** oder auf der sogenannten **Rohplanung** des Architekten im Maßstab 1:50 aufbauen können. Somit kann der Arbeitsaufwand für das Erarbeiten der Grundlagen für die anderen Planer unter Umständen gegen Null laufen.

Lph. 7	Mitwirken bei der Vergabe	von bis	Ø i.M.
7.a	Zusammenstellen der Vergabe- und Vertragsunterlagen für alle Leistungsbereiche	0,10 0,30	0,20
7.b	Einholen von Angeboten	0,10 0,30	0,20
7.c	Prüfen und Werten der Angebote einschließlich Aufstellen eines Preisspiegels nach Teilleistungen unter Mitwirkung aller während der Leistungsphasen 6 und 7 fachlich Beteiligten	1,00 3,40	2,20
7.d	Abstimmen und Zusammenstellen der Leistungen der fachlich Beteiligten, die an der Vergabe mitwirken	0,10 0,30	0,20
7.e	Verhandlung mit Bietern	0,20 0,80	0,50
7.f	Kostenanschlag nach DIN 276 aus Einheits- oder Pauschalpreisen der Angebote	0,10 0,50	0,30
7.g	Kostenkontrolle durch Vergleich des Kostenanschlags mit der Kostenberechnung	0,10 0,30	0,20
7.h	Mitwirken bei der Auftragserteilung	0,10 0,30	0,20
∑ 7	**Leistungsphase 7 gesamt**		**4,00**

Lph. 8	Objektüberwachung (Bauüberwachung)	von bis	Ø i.M.
8.a	Überwachen der Ausführung des Objekts auf Übereinstimmung mit der Baugenehmigung oder Zustimmung, den Ausführungsplänen und den Leistungsbeschreibungen sowie mit den anerkannten Regeln der Technik und den einschlägigen Vorschriften	10,00 16,00	13,00
8.b	Überwachen der Ausführung von Tragwerken nach § 50 Absatz 2 Nummer 1 und 2 auf Übereinstimmung mit dem Standsicherheitsnachweis	0,00 5,00	2,50
8.c	Koordinieren der an der Objektüberwachung fachlich Beteiligten	0,00 2,00	1,00
8.d	Überwachung und Detailkorrektur von Fertigteilen	0,00 1,00	0,50
8.e	Aufstellen und Überwachen eines Zeitplanes (Balkendiagramm)	0,20 0,60	0,40
8.f	Führen eines Bautagebuches	0,40 1,00	0,70
8.g	gemeinsames Aufmaß mit den bauausführenden Unternehmen	1,00 3,00	2,00
8.h	Abnahme der Bauleistungen unter Mitwirkung anderer an der Planung und Objektüberwachung fachlich Beteiligter unter Feststellung von Mängeln	0,50 1,50	1,00
8.i	Rechnungsprüfung	5,00 9,00	7,00
8.j	Kostenfeststellung nach DIN 276 oder nach dem wohnungsrechtlichen Berechnungsrecht	0,50 1,50	1,00
8.k	Antrag auf behördliche Abnahmen und Teilnahme daran	0,10 0,30	0,20
8.l	Übergabe des Objekts einschließlich Zusammenstellung und Übergabe der erforderlichen Unterlagen, zum Beispiel Bedienungsanleitungen, Prüfprotokolle	0,10 0,30	0,20
8.m	Auflisten der Verjährungsfristen für Mängelansprüche	0,10 0,30	0,20
8.n	Überwachen der Beseitigung der bei der Abnahme der Bauleistungen festgestellten Mängel	0,50 1,50	1,00
8.o	Kostenkontrolle durch Überprüfen der Leistungsabrechnung der bauausführenden Unternehmen im Vergleich zu den Vertragspreisen und dem Kostenanschlag	0,10 0,50	0,30
∑ 8	Leistungsphase 8 gesamt		31,00

7.

Lph. 9	Objektbetreuung und Dokumentation	von bis	Ø i.M.
9.a	Objektbegehung zur Mängelfeststellung vor Ablauf der Verjährungsfristen für Gewährleistungsansprüche gegenüber den ausführenden Unternehmen	0,40 1,60	1,00
9.b	Überwachen der Beseitigung von Mängeln, die innerhalb der Verjährungsfristen für Gewährleistungsansprüche, längstens jedoch bis zum Ablauf von vier Jahren seit Abnahme der Bauleistungen auftreten	0,00 2,40	1,20
9.c	Mitwirken bei der Freigabe von Sicherheitsleistungen	0,10 1,10	0,60
9.d	Systematische Zusammenstellung der zeichnerischen Darstellungen und rechnerischen Ergebnisse des Objekts	0,10 0,30	0,20
∑ 9	**Leistungsphase 9 gesamt**		**3,00**

∑ 1 - 9	**Leistungsphasen 1-9 gesamt**		100,00

Auszug aus der HOAI 2009

Teil 1:
Allgemeine Vorschriften

8.1

Verordnung über die Honorare für Architekten- und Ingenieurleistungen (Honorarordnung für Architekten- und Ingenieure – HOAI)

Auf Grund der §§ 1 und 2 des Gesetzes zur Regelung von Ingenieur- und Architekten-leistungen vom 4. November 1971, die durch Artikel 1 des Gesetzes vom 12. November 1984 (BGBl. I S. 1337) geändert worden sind, verordnet die Bundesregierung:

Teil 1 Allgemeine Vorschriften

§ 1   Anwendungsbereich

Diese Verordnung regelt die Berechnung der Entgelte für die Leistungen der Architekten und Architektinnen und der Ingenieure und Ingenieurinnen (Auftragnehmer oder Auftragnehmerinnen) mit Sitz im Inland, soweit die Leistungen durch diese Verordnung erfasst und vom Inland aus erbracht werden.

§ 2   Begriffsbestimmungen

Für diese Verordnung gelten folgende Begriffsbestimmungen:
1. „Objekte" sind Gebäude, raumbildende Ausbauten, Freianlagen, Ingenieur-bauwerke, Verkehrsanlagen, Tragwerke und Anlagen der Technischen Aus-rüstung;
2. „Gebäude" sind selbstständig benutzbare, überdeckte bauliche Anlagen, die von Menschen betreten werden können und geeignet oder bestimmt sind, dem Schutz von Menschen, Tieren oder Sachen zu dienen;
3. „Neubauten und Neuanlagen" sind Objekte, die neu errichtet oder neu herge-stellt werden;
4. „Wiederaufbauten" sind vormals zerstörte Objekte, die auf vorhandenen Bau-oder Anlageteilen Bau- oder Anlageteilen wiederhergestellt werden; sie gelten als Neubauten, sofern eine neue Planung erforderlich ist;
5. „Erweiterungsbauten" sind Ergänzungen eines vorhandenen Objekts;
6. „Umbauten" sind Umgestaltungen eines vorhandenen Objekts mit Eingriffen in Konstruktion oder Bestand;
7. „Modernisierungen" sind bauliche Maßnahmen zur nachhaltigen Erhöhung des Gebrauchswertes eines Objekts, soweit sie nicht unter die Nummern 5, 6 oder Nummer 9 fallen;
8. „raumbildende Ausbauten" sind die innere Gestaltung oder Erstellung von In-nenräumen ohne wesentliche Eingriffe in Bestand oder Konstruktion; sie kön-nen im Zusammenhang mit Leistungen nach den Nummern 3 bis 7 anfallen;
9. „Instandsetzungen" sind Maßnahmen zur Wiederherstellung des zum bestim-mungsgemäßen Gebrauch geeigneten Zustandes (Soll-Zustandes) eines Ob-jekts, soweit sie nicht unter Nummer 4 fallen oder durch Maßnahmen nach Nummer 7 verursacht sind;
10. „Instandhaltungen" sind Maßnahmen zur Erhaltung des Soll-Zustandes eines Objekts;
11. „Freianlagen" sind planerisch gestaltete Freiflächen und Freiräume sowie ent-sprechend gestaltete Anlagen in Verbindung mit Bauwerken oder in Bauwer-ken;
12. „fachlich allgemein anerkannte Regeln der Technik" sind schriftlich fixierte technische Festlegungen für Verfahren, die nach herrschender Auffassung der beteiligten Fachleute, Verbraucher und der öffentlichen Hand geeignet sind, die Ermittlung der anrechenbaren Kosten nach dieser Verordnung zu ermöglichen, und die sich in der Praxis allgemein bewährt haben oder de-ren Bewährung nach herrschender Auffassung in überschaubarer Zeit bevor-steht;

8.1

13. „Kostenschätzung" ist eine überschlägige Ermittlung der Kosten auf der Grundlage der Vorplanung; sie ist die vorläufige Grundlage für Finanzierungsüberlegungen; ihr liegen Vorplanungsergebnisse, Mengenschätzungen, erläuternde Angaben zu den planerischen Zusammenhängen, Vorgängen und Bedingungen sowie Angaben zum Baugrundstück und zur Erschließung zu Grunde; wird die Kostenschätzung nach § 4 Abs. 1 Satz 3 auf der Grundlage der DIN 276, in der Fassung vom Dezember 2008 (DIN 276 - 1: 2008 - 12) erstellt, müssen die Gesamtkosten nach Kostengruppen bis zur ersten Ebene der Kostengliederung ermittelt werden;

14. „Kostenberechnung" ist eine Ermittlung der Kosten auf der Grundlage der Entwurfsplanung; ihr liegen durchgearbeitete Entwurfszeichnungen oder auch Detailzeichnungen wiederkehrender Raumgruppen, Mengenberechnungen und für die Berechnung und Beurteilung der Kosten relevante Erläuterungen zugrunde; wird sie nach § 4 Abs. 1 Satz 3 auf der Grundlage der DIN 276 erstellt, müssen die Gesamtkosten nach Kostengruppen bis zur zweiten Ebene der Kostengliederung ermittelt werden;

15. „Honorarzonen" stellen den Schwierigkeitsgrad eines Objektes oder einer Flächenplanung dar.

§ 3   Leistungen und Leistungsbilder

(1) Die Honorare für Leistungen sind in den Teilen 2 bis 4 dieser Verordnung verbindlich geregelt. Die Honorare für Beratungsleistungen sind in der Anlage 1 zu dieser Verordnung enthalten und nicht verbindlich geregelt.

(2) Leistungen, die zur ordnungsgemäßen Erfüllung eines Auftrags im Allgemeinen erforderlich sind, sind in Leistungsbildern erfasst. Andere Leistungen, die durch eine Änderung des Leistungsziels, des Leistungsumfangs, einer Änderung des Leistungsablaufs oder anderer Anordnungen des Auftraggebers erforderlich werden, sind von den Leistungsbildern nicht erfasst und gesondert frei zu vereinbaren und zu vergüten.

(3) Besondere Leistungen sind in der Anlage 2 aufgeführt, die Aufzählung ist nicht abschließend. Die Honorare für Besondere Leistungen können frei vereinbart werden.

(4) Die Leistungsbilder nach dieser Verordnung gliedern sich in die folgenden Leistungsphasen 1 bis 9:
1. Grundlagenermittlung,
2. Vorplanung,
3. Entwurfsplanung,
4. Genehmigungsplanung,
5. Ausführungsplanung,
6. Vorbereitung der Vergabe,
7. Mitwirkung bei der Vergabe,
8. Objektüberwachung (Bauüberwachung oder Oberleitung),
9. Objektbetreuung und Dokumentation.

(5) Die Tragwerksplanung umfasst nur die Leistungsphasen 1 bis 6.

(6) Abweichend von Absatz 4 Satz 1 sind die Leistungsbilder des Teils 2 in bis zu fünf dort angegebenen Leistungsphasen zusammengefasst. Die Wirtschaftlichkeit der Leistung ist stets zu beachten.

(7) Die Leistungsphasen in den Teilen 2 bis 4 dieser Verordnung werden in Prozentsätzen der Honorare bewertet.

(8) Das Ergebnis jeder Leistungsphase ist mit dem Auftraggeber zu erörtern.

§ 4   Anrechenbare Kosten

(1) Anrechenbare Kosten sind Teil der Kosten zur Herstellung, zum Umbau, zur Modernisierung, Instandhaltung oder Instandsetzung von Objekten sowie den damit zusammenhängenden Aufwendungen. Sie sind nach fachlich allgemein

anerkannten Regeln der Technik oder nach Verwaltungsvorschriften (Kosten-vorschriften) auf der Grundlage ortsüblicher Preise zu ermitteln. Wird in dieser Verordnung die Die DIN 276 in Bezug genommen, so ist diese in der Fassung vom Dezember 2008 (DIN 276 - 1: 2008 - 12) bei der Ermittlung der anrechen-baren Kosten zugrunde zu legen. Die auf die Kosten von Objekten entfallene Umsatzsteuer ist nicht Bestandteil der anrechenbaren Kosten.

(2) Als anrechenbare Kosten gelten ortsübliche Preise, wenn der Auftraggeber
   1. selbst Lieferungen oder Leistungen übernimmt,
   2. von bauausführenden Unternehmen oder von Lieferanten sonst nicht übli-che Vergünstigungen erhält,
   3. Lieferungen oder Leistungen in Gegenrechnung ausführt oder
   4. vorhandene oder vorbeschaffte Baustoffe oder Bauteile einbauen lässt.

§ 5   Honorarzonen

(1) Die Objekt-, Bauleit- und Tragwerksplanung wird den folgenden Honorarzo-nen zugeordnet:
   1. Honorarzone I: sehr geringe Planungsanforderungen,
   2. Honorarzone II: geringe Planungsanforderungen,
   3. Honorarzone III: durchschnittliche Planungsanforderungen,
   4. Honorarzone IV: überdurchschnittliche Planungsanforderungen,
   5. Honorarzone V: sehr hohe Planungsanforderungen.
(2) Abweichend von Absatz 1 werden Landschaftspläne und die Planung der technischen Ausrüstung den folgenden Honorarzonen zugeordnet:
   1. Honorarzone I: geringe Planungsanforderungen,
   2. Honorarzone II: durchschnittliche Planungsanforderungen,
   3. Honorarzone III: hohe Planungsanforderungen.
(3) Abweichend von den Absätzen 1 und 2 werden Grünordnungspläne und Landschaftsrahmenpläne den folgenden Honorarzonen zugeordnet:
   1. Honorarzone I: durchschnittliche Planungsanforderungen,
   2. Honorarzone II: hohe Planungsanforderungen.
(4) Die Honorarzonen sind anhand der Bewertungsmerkmale in den Honorar-regelungen der jeweiligen Leistungsbilder der Teile 2 bis 4 zu ermitteln. Die Zurechnung zu den einzelnen Honorarzonen ist nach Maßgabe der Bewer-tungsmerkmale, gegebenenfalls der Bewertungspunkte und anhand der Re-gelbeispiele in den Objektlisten der Anlage 3 vorzunehmen.

§ 6   Grundlagen des Honorars

(1) Das Honorar für Leistungen nach dieser Verordnung richtet sich
   1. für die Leistungsbilder der Teile 3 und 4 nach den anrechenbaren Kos-ten des Objektes auf der Grundlage der Kostenberechnung oder, soweit diese nicht vorliegt, auf der Grundlage der Kostenschätzung und für die Leistungsbilder des Teils 2, nach Flächengrößen oder Verrechnungsein-heiten,
   2. nach dem Leistungsbild,
   3. nach der Honorarzone,
   4. nach der dazugehörigen Honorartafel,
   5. bei Leistungen im Bestand zusätzlich nach den §§ 35 und 36.
(2) Wenn zum Zeitpunkt der Beauftragung noch keine Planungen als Vorausset-zung für eine Kostenschätzung oder Kostenberechnung vorliegen, können die Vertragsparteien abweichend von Absatz 1 schriftlich vereinbaren, dass das Honorar auf der Grundlage der anrechenbaren Kosten einer Baukosten-vereinbarung nach den Vorschriften dieser Verordnung berechnet wird. Dabei werden nachprüfbare Baukosten einvernehmlich festgelegt.

8.1

§ 7 Honorarvereinbarung

(1) Das Honorar richtet sich nach der schriftlichen Vereinbarung, die die Vertragsparteien bei Auftragserteilung im Rahmen der durch diese Verordnung festgesetzten Mindest- und Höchstsätze treffen.

(2) Liegen die ermittelten, anrechenbaren Kosten, Werte oder Verrechnungseinheiten außerhalb der Tafelwerte dieser Verordnung, sind die Honorare frei vereinbar.

(3) Die in dieser Verordnung festgesetzten Mindestsätze können durch schriftliche Vereinbarung in Ausnahmefällen unterschritten werden.

(4) Die in dieser Verordnung festgesetzten Höchstsätze dürfen nur bei außergewöhnlichen oder ungewöhnlich lange dauernden Leistungen durch schriftliche Vereinbarung überschritten werden. Dabei bleiben Umstände, soweit sie bereits für die Einordnung in Honorarzonen oder für die Einordnung in den Rahmen der Mindest- und Höchstsätze mitbestimmend gewesen sind, außer Betracht.

(5) Ändert sich der beauftragte Leistungsumfang auf Veranlassung des Auftraggebers während der Laufzeit des Vertrages mit der Folge von Änderungen der anrechenbaren Kosten, Werten oder Verrechnungseinheiten, ist die dem Honorar zugrunde liegende Vereinbarung durch schriftliche Vereinbarung anzupassen.

(6) Sofern nicht bei Auftragserteilung etwas anderes schriftlich vereinbart worden ist, gelten die jeweiligen Mindestsätze gemäß Absatz 1 als vereinbart. Sofern keine Honorarvereinbarung nach Absatz 1 getroffen worden ist, sind die Leistungsphasen 1 und 2 bei der Flächenplanung mit den Mindestsätzen in Prozent des jeweiligen Honorars zu bewerten.

(7) Für Kostenunterschreitungen, die unter Ausschöpfung technisch-wirtschaftlicher oder umwelt-verträglicher Lösungsmöglichkeiten zu einer wesentlichen Kostensenkung ohne Verminderung des vertraglich festgelegten Standards führen, kann ein Erfolgshonorar schriftlich vereinbart werden, das bis zu 20 Prozent des vereinbarten Honorars betragen kann. In Fällen des Überschreitens der einvernehmlich festgelegten anrechenbaren Kosten kann ein Malus-Honorar in Höhe von bis zu 5 Prozent des Honorars vereinbart werden.

§ 8 Berechnung des Honorars in besonderen Fällen

(1) Werden nicht alle Leistungsphasen eines Leistungsbildes übertragen, so dürfen nur die für die übertragenen Phasen vorgesehenen Prozentsätze berechnet und vertraglich vereinbart werden.

(2) Werden nicht alle Leistungen einer Leistungsphase übertragen, so darf für die übertragenen Leistungen nur ein Honorar berechnet und vereinbart werden, das dem Anteil der übertragenen Leistungen an der gesamten Leistungsphase entspricht. Das Gleiche gilt, wenn wesentliche Teile von Leistungen dem Auftragnehmer nicht übertragen werden. Ein zusätzlicher Koordinierungs- und Einarbeitungsaufwand ist zu berücksichtigen.

§ 9 Berechnung des Honorars bei Beauftragung von Einzelleistungen

(1) Wird bei Bauleitplänen, Gebäuden und raumbildenden Ausbauten, Freianlagen, Ingenieurbauwerken, Verkehrsanlagen und technischer Ausrüstung die Vorplanung oder Entwurfsplanung als Einzelleistung in Auftrag gegeben, können die entsprechenden Leistungsbewertungen der jeweiligen Leistungsphase

1. für die Vorplanung den Prozentsatz der Vorplanung zuzüglich der Anteile bis zum Höchstsatz des Prozentsatzes der vorangegangenen Leistungsphase und

2. für die Entwurfsplanung den Prozentsatz der Entwurfsplanung zuzüglich der Anteile bis zum Höchstsatz des Prozentsatzes der vorangegangenen Leistungsphase betragen.

(2) Wird bei Gebäuden oder der Technischen Ausrüstung die Objektüberwachung als Einzelleistung in Auftrag gegeben, betragen die entsprechenden Leistungsbewertungen der Objektüberwachung

1. für die Technische Ausrüstung den Prozentsatz der Objektüberwachung zuzüglich Anteile bis zum Höchstsatz des Prozentsatzes der vorangegangenen Leistungsphase betragen und

2. für Gebäude anstelle der Mindestsätze nach den §§ 33 und 34 folgende Prozentsätze der anrechenbaren Kosten nach § 32 berechnet werden:
   a) 2,3 Prozent bei Gebäuden der Honorarzone II,
   b) 2,5 Prozent bei Gebäuden der Honorarzone III,
   c) 2,7 Prozent bei Gebäuden der Honorarzone IV,
   d) 3,0 Prozent bei Gebäuden der Honorarzone V.

(3) Wird die vorläufige Planfassung bei Landschaftsplänen oder Grünordnungsplänen als Einzelleistung in Auftrag gegeben, können abweichend von den Leistungsbewertungen in Teil 2 Abschnitt 2 bis zu 60 Prozent für die Vorplanung vereinbart werden.

§ 10   Mehrere Vorentwurfs- oder Entwurfsplanungen

Werden auf Veranlassung des Auftraggebers mehrere Vorentwurfs- oder Entwurfsplanungen für dasselbe Objekt nach grundsätzlich verschiedenen Anforderungen gefertigt, so sind für die vollständige Vorentwurfs- oder Entwurfsplanung die vollen Prozentsätze dieser Leistungsphasen nach § 3 Absatz 4 vertraglich zu vereinbaren. Bei der Berechnung des Honorars für jede weitere Vorentwurfs- oder Entwurfsplanung sind die anteiligen Prozentsätze der entsprechenden Leistungen vertraglich zu vereinbaren.

§ 11   Auftrag für mehrere Objekte

(1) Umfasst ein Auftrag mehrere Objekte, so sind die Honorare vorbehaltlich der folgenden Absätze für jedes Objekt getrennt zu berechnen. Dies gilt nicht für Objekte mit weitgehend vergleichbaren Objektbedingungen derselben Honorarzone, die im zeitlichen und örtlichen Zusammenhang als Teil einer Gesamtmaßnahme geplant, betrieben und genutzt werden. Das Honorar ist dann nach der Summe der anrechenbaren Kosten zu berechnen.

(2) Umfasst ein Auftrag mehrere im Wesentlichen gleichartige Objekte, die im zeitlichen oder örtlichen Zusammenhang unter gleichen baulichen Verhältnissen geplant und errichtet werden sollen, oder Objekte nach Typenplanung oder Serienbauten, so sind für die erste bis vierte Wiederholung die Prozentsätze der Leistungsphase 1 bis 7 um 50 Prozent, von der fünften bis siebten Wiederholung um 60 Prozent und ab der achten Wiederholung um 90 Prozent zu mindern.

(3) Umfasst ein Auftrag Leistungen, die bereits Gegenstand eines anderen Auftrages zwischen den Vertragsparteien waren, so findet Absatz 2 für die Prozentsätze der beauftragten Leistungsphasen in Bezug auf den neuen Auftrag auch dann Anwendung, wenn die Leistungen nicht im zeitlichen oder örtlichen Zusammenhang erbracht werden sollen.

8.1

(4) Die Absätze 1 bis 3 gelten nicht bei der Flächenplanung. Soweit bei bauleitplanerischen Leistungen im Sinne der §§ 17 bis 21 die Festlegungen, Ergebnisse und Erkenntnisse anderer Pläne, insbesondere die Bestandsaufnahme und Bewertungen von Landschaftsplänen und sonstigen Plänen herangezogen werden, ist das Honorar angemessen zu reduzieren; dies gilt auch, wenn mit der Aufstellung dieser Pläne andere Auftragnehmer betraut waren.

§ 12 Planausschnitte

Werden Teilflächen bereits aufgestellter Bauleitpläne (Planausschnitte) geändert oder überarbeitet, so sind bei der Berechnung des Honorars nur die Ansätze des zu bearbeitenden Planausschnitts anzusetzen.

§ 13 Interpolation

Die Mindest- und Höchstsätze für Zwischenstufen der in den Honorartafeln angegebenen anrechenbaren Kosten, Werte und Verrechnungseinheiten sind durch lineare Interpolation zu ermitteln.

§ 14 Nebenkosten

(1) Die bei der Ausführung des Auftrags entstehenden Nebenkosten des Auftragnehmers können, soweit sie erforderlich sind, abzüglich der nach § 15 Absatz 1 des Umsatzsteuergesetzes abziehbaren Vorsteuern neben den Honoraren dieser Verordnung berechnet werden. Die Vertragsparteien können bei Auftragserteilung schriftlich vereinbaren, dass abweichend von Satz 1 eine Erstattung ganz oder teilweise ausgeschlossen ist.

(2) Zu den Nebenkosten gehören insbesondere:
1. Versandkosten, Kosten für Datenübertragungen,
2. Kosten für Vervielfältigungen von Zeichnungen und schriftlichen Unterlagen sowie Anfertigung von Filmen und Fotos,
3. Kosten für ein Baustellenbüro einschließlich der Einrichtung, Beleuchtung und Beheizung,
4. Fahrtkosten für Reisen, die über einen Umkreis von 15 Kilometern um den Geschäftssitz des Auftragnehmers hinausgehen, in Höhe der steuerlich zulässigen Pauschalsätze, sofern nicht höhere Aufwendungen nachgewiesen werden,
5. Trennungsentschädigungen und Kosten für Familienheimfahrten nach den steuerlich zu-lässigen Pauschalsätzen, sofern nicht höhere Aufwendungen an Mitarbeiter oder Mitarbeiterinnen des Auftragnehmers aufgrund von tariflichen Vereinbarungen bezahlt werden,
6. Entschädigungen für den sonstigen Aufwand bei längeren Reisen nach Nummer 4, sofern die Entschädigungen vor der Geschäftsreise schriftlich vereinbart worden sind,
7. Entgelte für nicht dem Auftragnehmer obliegende Leistungen, die von ihm im Einvernehmen mit dem Auftraggeber Dritten übertragen worden sind.

(3) Nebenkosten können pauschal oder nach Einzelnachweis abgerechnet werden. Sie sind nach Einzelnachweis abzurechnen, sofern bei Auftragserteilung keine pauschale Abrechnung schriftlich vereinbart worden ist.

§ 15 Zahlungen

(1) Das Honorar wird fällig, soweit nichts anderes vertraglich vereinbart ist, wenn die Leistung vertragsgemäß erbracht und eine prüffähige Honorarschlussrechnung überreicht worden ist.
(2) Abschlagszahlungen können zu den vereinbarten Zeitpunkten oder in angemessenen zeitlichen Abständen für nachgewiesene Leistungen gefordert werden.
(3) Die Nebenkosten sind auf Nachweis fällig, sofern bei Auftragserteilung nicht etwas anderes vereinbart worden ist.
(4) Andere Zahlungsweisen können schriftlich vereinbart werden.

§ 16   Umsatzsteuer

(1) Der Auftragnehmer hat Anspruch auf Ersatz der gesetzlich geschuldeten Umsatzsteuer für nach dieser Verordnung anrechenbare Leistungen, sofern nicht die Kleinunternehmerregelung nach § 19 des Umsatzsteuergesetzes angewendet wird. Satz 1 gilt auch hinsichtlich der um die nach § 15 des Umsatzsteuergesetzes abziehbare Vorsteuer gekürzten Nebenkosten, die nach § 14 dieser Verordnung weiterberechenbar sind.

(2) Auslagen gehören nicht zum Entgelt für die Leistung des Auftragnehmers. Sie sind als durchlaufende Posten im umsatzsteuerrechtlichen Sinn einschließlich einer gegebenenfalls enthaltenen Umsatzsteuer weiter zu berechnen.

8.1

Teil 3:
Objektplanung

Teil 3 Objektplanung

Abschnitt 1 Gebäude [...]

§ 32   Besondere Grundlagen des Honorars

(1) Anrechenbar sind für Leistungen bei Gebäuden [...] die Kosten der Baukonstruktion.

(2) Anrechenbar für Leistungen bei Gebäuden [...] sind auch die Kosten für Technische Anlagen, die der Auftragnehmer nicht fachlich plant oder deren Ausführung er nicht fachlich überwacht,
1. vollständig bis zu 25 Prozent der sonstigen anrechenbaren Kosten und
2. zur Hälfte mit dem 25 Prozent der sonstigen anrechenbaren Kosten übersteigendem Betrag.

(3) Nicht anrechenbar sind insbesondere die Kosten für das Herrichten, die nicht öffentliche Erschließung, sowie Leistungen für Ausstattung und Kunstwerke, soweit der Auftragnehmer sie nicht plant, bei der Beschaffung mitwirkt oder ihre Ausführung oder ihren Einbau fachlich überwacht.

(4) § 11 Absatz 1 gilt nicht, wenn die getrennte Berechnung weniger als 7 500 Euro anrechenbare Kosten der Freianlagen zum Gegenstand hätte. Absatz 3 ist insoweit nicht anzuwenden.

§ 33   Leistungsbild Gebäude [...]

Das Leistungsbild Gebäude [...] umfasst Leistungen für Neubauten, Neuanlagen, Wiederaufbauten, Erweiterungsbauten, Umbauten, Modernisierungen, [...], Instandhaltungen und Instandsetzungen. Die Leistungen sind in neun Leistungsphasen zusammen gefasst und werden wie folgt in Prozentsätzen der Honorare des § 34 bewertet:

	Bewertung der Leistungen in Prozent der Honorare
	Gebäude
1. Grundlagenermittlung	3
2. Vorplanung	7
3. Entwurfsplanung	11
4. Genehmigungsplanung	6
5. Ausführungsplanung	25
6. Vorbereitung der Vergabe	10
7. Mitwirken bei der Vergabe	4
8. Objektüberwachung (Bauüberwachung)	31
9. Objektbetreuung und Dokumentation	3

Die einzelnen Leistungen jeder Leistungsphase sind in Anlage 11 geregelt.

8.2

§ 34   Honorare für Leistungen bei Gebäuden [...]

(1) Die Mindest- und Höchstsätze der Honorare für die in § 33 aufgeführten Leistungen bei Gebäuden [...] sind in der folgenden Honorartafel festgesetzt.

Anrechenbare Kosten	Zone I		Zone III		Zone V	
	von	bis	von	bis	von	bis
		Zone II		Zone IV		
		von	bis	von	bis	
Euro	Euro	Euro	Euro	Euro	Euro	Euro
25.565	2.182	2.654	3.290	4.241	4.876	5.348
25.565	2.182	2.654	3.290	4.241	4.876	5.348
25.565	2.182	2.654	3.290	4.241	4.876	5.348
25.565	2.182	2.654	3.290	4.241	4.876	5.348
25.565	2.182	2.654	3.290	4.241	4.876	5.348
25.565	2.182	2.654	3.290	4.241	4.876	5.348
30.000	2.558	3.109	3.847	4.948	5.686	6.237
35.000	2.991	3.629	4.483	5.760	6.613	7.252
40.000	3.411	4.138	5.112	6.565	7.538	8.264
45.000	3.843	4.657	5.743	7.372	8.458	9.272
50.000	4.269	5.167	6.358	8.154	9.346	10.243
100.000	8.531	10.206	12.442	15.796	18.032	19.708
150.000	12.799	15.128	18.236	22.900	26.008	28.337
200.000	17.061	19.927	23.745	29.471	33.289	36.155
250.000	21.324	24.622	29.018	35.610	40.006	43.305
300.000	24.732	28.581	33.715	41.407	46.540	50.389
350.000	27.566	32.044	38.017	46.970	52.944	57.421
400.000	29.999	35.114	41.940	52.175	59.001	64.116
450.000	32.058	37.820	45.498	57.024	64.702	70.465
500.000	33.738	40.137	48.667	61.464	69.994	76.392
1.000.000	60.822	72.089	87.112	109.650	124.674	135.940
1.500.000	88.184	104.284	125.749	157.951	179.416	195.516
2.000.000	115.506	136.436	164.341	206.201	234.105	255.036
2.500.000	142.830	168.598	202.953	254.487	288.842	314.607
3.000.000	171.226	200.401	239.295	297.639	336.534	365.708
3.500.000	199.766	232.158	275.353	340.143	383.337	415.731
4.000.000	228.305	263.920	311.411	382.642	430.133	465.748
4.500.000	256.840	295.678	347.465	425.145	476.931	515.769
5.000.000	285.379	327.439	383.522	467.649	523.731	565.792
10.000.000	570.757	648.805	752.869	908.967	1.013.031	1.091.079
15.000.000	856.136	964.745	1.109.559	1.326.782	1.471.595	1.580.205
20.000.000	1.141.514	1.275.044	1.453.088	1.720.148	1.898.192	2.031.722
25.000.000	1.426.893	1.586.268	1.798.766	2.117.513	2.330.011	2.489.383
25.564.594	1.459.117	1.621.426	1.837.835	2.162.447	2.378.856	2.541.160

Table title: **Honorartafel zu § 34 Abs. 1 - Gebäude [...]**

(2) Die Zuordnung zu den Honorarzonen für Leistungen bei Gebäuden wird anhand folgender Bewertungsmerkmale ermittelt:
1. Anforderungen an die Einbindung in die Umgebung,
2. Anzahl der Funktionsbereiche,
3. gestalterische Anforderungen,
4. konstruktive Anforderungen,
5. technische Ausrüstung,
6. Ausbau.

(3) [...]

(4) Sind für ein Gebäude [...] Bewertungsmerkmale aus mehreren Honorarzonen anwendbar und bestehen deswegen Zweifel, welcher Honorarzone das Gebäude [...] zugeordnet werden kann, so ist die Anzahl der Bewertungspunkte nach Absatz 5 zu ermitteln; das Gebäude [...] ist nach der Summe der Bewertungspunkte folgenden Honorarzonen zuzuordnen:
1. Honorarzone I: Gebäude [...] mit bis zu 10 Punkten
2. Honorarzone II: Gebäude [...] mit 11 bis 18 Punkten
3. Honorarzone III: Gebäude [...] mit 19 bis 26 Punkten
4. Honorarzone IV: Gebäude [...] mit 27 bis 34 Punkten
5. Honorarzone V: Gebäude [...] mit 35 bis 42 Punkten

(5) Bei der Zuordnung zu den Honorarzonen sind entsprechend dem Schwierigkeitsgrad der Planungsanforderungen die Bewertungsmerkmale für Gebäude nach Absatz 2 Nummern 1, 4 bis 6 mit je bis zu 6 Punkten, die Bewertungsmerkmale nach Absatz 2 Nummern 2 und 3 mit je bis zu 9 Punkten [...] zu bewerten.

§ 35 Leistungen im Bestand

(1) Für Leistungen bei Umbauten und Modernisierungen kann für Objekte ein Zuschlag bis zu 80 Prozent vereinbart werden. Sofern kein Zuschlag schriftlich vereinbart ist, fällt für Leistungen ab der Honorarzone II ein Zuschlag von 20 Prozent an.

(2) Honorare für Leistungen bei Umbauten und Modernisierungen von Objekten im Sinne des § 2 Nummer 6 und 7 sind nach den anrechenbaren Kosten, der Honorarzone, den Leistungsphasen und der Honorartafel, die dem Umbau oder der Modernisierung sinngemäß zuzuordnen ist, zu ermitteln.

§ 36 Instandhaltungen und Instandsetzungen

(1) Für Leistungen bei Instandhaltungen und Instandsetzungen von Objekten kann vereinbart werden, den Prozentsatz für die Bauüberwachung um bis zu 50 Prozent zu erhöhen.

(2) Honorare für Leistungen bei Instandhaltungen und Instandsetzungen von Objekten sind nach den anrechenbaren Kosten, der Honorarzone, den Leistungsphasen und der Honorartafel, der die Instandhaltungs- und Instandsetzungsmaßnahme zuzuordnen ist, zu ermitteln.

8.2

Teil 5:
Übergangs- und
Schlussvorschriften

8.3

Teil 5 Übergangs- und Schlussvorschriften

§ 55 Übergangsvorschrift

Die Verordnung gilt nicht für Leistungen, die vor ihrem Inkrafttreten vertraglich vereinbart wurden; insoweit bleiben die bisherigen Vorschriften anwendbar.

§ 56 Inkrafttreten, Außerkrafttreten

Diese Verordnung tritt am Tag nach der Verkündung in Kraft. Gleichzeitig tritt die Honorarordnung für Architekten und Ingenieure in der Fassung der Bekanntmachung vom 4. März 1991 (BGBl. I S. 533), die zuletzt durch Artikel 5 des Gesetzes vom 10. November 2001 (BGBl. I S. 2992), geändert worden ist, außer Kraft. Der Bundesrat hat zugestimmt.

8.3

Anlage 11 zu § 33

8.4

Anlage 11 zu [...] § 33 [...]

Leistungen im Leistungsbild Gebäude [...]

Leistungsphase 1: Grundlagenermittlung

a) Klären der Aufgabenstellung
b) Beraten zum gesamten Leistungsbedarf
c) Formulieren von Entscheidungshilfen für die Auswahl anderer an der Planung fachlich Beteiligter
d) Zusammenfassen der Ergebnisse

Leistungsphase 2: Vorplanung (Projekt- und Planungsvorbereitung)

a) Analyse der Grundlagen
b) Abstimmen der Zielvorstellungen (Randbedingungen, Zielkonflikte)
c) Aufstellen eines planungsbezogenen Zielkatalogs (Programmziele)
d) Erarbeiten eines Planungskonzepts einschließlich Untersuchung der alternativen Lösungsmöglichkeiten nach gleichen Anforderungen mit zeichnerischer Darstellung und Bewertung, zum Beispiel versuchsweise zeichnerische Darstellungen, Strichskizzen, gegebenenfalls mit erläuternden Angaben
e) Integrieren der Leistungen anderer an der Planung fachlich Beteiligter
f) Klären und Erläutern der wesentlichen städtebaulichen, gestalterischen, funktionalen, technischen, bauphysikalischen, wirtschaftlichen, energiewirtschaftlichen (zum Beispiel hinsichtlich rationeller Energieverwendung und der Verwendung erneuerbarer Energien) und landschaftsökologischen Zusammenhänge, Vorgänge und Bedingungen, sowie der Belastung und Empfindlichkeit der betroffenen Ökosysteme
g) Vorverhandlungen mit Behörden und anderen an der Planung fachlich Beteiligten über die Genehmigungsfähigkeit
h) [...]
i) Kostenschätzung nach DIN 276 oder nach dem wohnungsrechtlichen Berechnungsrecht
j) Zusammenstellen aller Vorplanungsergebnisse

Leistungsphase 3: Entwurfsplanung (System- und Integrationsplanung)

a) Durcharbeiten des Planungskonzepts (stufenweise Erarbeitung einer zeichnerischen Lösung) unter Berücksichtigung städtebaulicher, gestalterischer, funktionaler, technischer, bauphysikalischer, wirtschaftlicher, energiewirtschaftlicher (zum Beispiel hinsichtlich rationeller Energieverwendung und der Verwendung erneuerbarer Energie) und landschaftsökologischer Anforderungen unter Verwendung der Beiträge anderer an der Planung fachlich Beteiligter bis zum vollständigen Entwurf
b) Integrieren der Leistungen anderer an der Planung fachlich Beteiligter
c) Objektbeschreibung mit Erläuterung von Ausgleichs- und Ersatzmaßnahmen nach Maßgabe der naturschutzrechtlichen Eingriffsregelung
d) zeichnerische Darstellung des Gesamtentwurfs, zum Beispiel durchgearbeitete, vollständige Vorentwurfs- und/oder Entwurfszeichnungen (Maßstab nach Art und Größe des Bauvorhabens; [...], gegebenenfalls auch Detailpläne mehrfach wiederkehrender Raumgruppen
e) Verhandlungen mit Behörden und anderen an der Planung fachlich Beteiligten über die Genehmigungsfähigkeit
f) Kostenberechnung nach DIN 276 oder nach dem wohnungsrechtlichen Berechnungsrecht
g) Kostenkontrolle durch Vergleich der Kostenberechnung mit der Kostenschätzung
h) Zusammenfassen aller Entwurfsunterlagen

8.4

Leistungsphase 4: Genehmigungsplanung

a) Erarbeiten der Vorlagen für die nach den öffentlich-rechtlichen Vorschriften erforderlichen Genehmigungen oder Zustimmungen einschließlich der Anträge auf Ausnahmen und Befreiungen unter Verwendung der Beiträge anderer an der Planung fachlich Beteiligter sowie noch notwendiger Verhandlungen mit Behörden
b) Einreichen dieser Unterlagen
c) Vervollständigen und Anpassen der Planungsunterlagen, Beschreibungen und Berechnungen unter Verwendung der Beiträge anderer an der Planung fachlich Beteiligter
d) [...]

Leistungsphase 5: Ausführungsplanung

a) Durcharbeiten der Ergebnisse der Leistungsphase 3 und 4 (stufenweise Erarbeitung und Darstellung der Lösung) unter Berücksichtigung städtebaulicher, gestalterischer, funktionaler, technischer, bauphysikalischer, wirtschaftlicher, energiewirtschaftlicher (zum Beispiel hinsichtlich rationeller Energieverwendung und der Verwendung erneuerbarer Energien) und landschaftsökologischer Anforderungen unter Verwendung der Beiträge anderer an der Planung fachlich Beteiligter bis zur ausführungsreifen Lösung
b) zeichnerische Darstellung des Objekts mit allen für die Ausführung notwendigen Einzelangaben, zum Beispiel endgültige, vollständige Ausführungs-, Detail- und Konstruktionszeichnungen im Maßstab 1 : 50 bis 1 : 1, [...], mit den erforderlichen textlichen Ausführungen
c) [...]
d) Erarbeiten der Grundlagen für die anderen an der Planung fachlich Beteiligten und Integrierung ihrer Beiträge bis zur ausführungsreifen Lösung
e) Fortschreiben der Ausführungsplanung während der Objektausführung

Leistungsphase 6: Vorbereitung der Vergabe

a) Ermitteln und Zusammenstellen von Mengen als Grundlage für das Aufstellen von Leistungsbeschreibungen unter Verwendung der Beiträge anderer an der Planung fachlich Beteiligter
b) Aufstellen von Leistungsbeschreibungen mit Leistungsverzeichnissen nach Leistungsbereichen
c) Abstimmen und Koordinieren der Leistungsbeschreibungen der an der Planung fachlich Beteiligten

Leistungsphase 7: Mitwirkung bei der Vergabe

a) Zusammenstellen der Vergabe- und Vertragsunterlagen für alle Leistungsbereiche
b) Einholen von Angeboten
c) Prüfen und Werten der Angebote einschließlich Aufstellen eines Preisspiegels nach Teilleistungen unter Mitwirkung aller während der Leistungsphasen 6 und 7 fachlich Beteiligten
d) Abstimmen und Zusammenstellen der Leistungen der fachlich Beteiligten, die an der Vergabe mitwirken
e) Verhandlung mit Bietern
f) Kostenanschlag nach DIN 276 aus Einheits- oder Pauschalpreisen der Angebote
g) Kostenkontrolle durch Vergleich des Kostenanschlags mit der Kostenrechnung
h) Mitwirken bei der Auftragserteilung

Leistungsphase 8: Objektüberwachung (Bauüberwachung)

a) Überwachen der Ausführung des Objekts auf Übereinstimmung mit der Baugenehmigung oder Zustimmung, den Ausführungsplänen und den Leistungsbeschreibungen sowie mit den allgemein anerkannten Regeln der Technik und den einschlägigen Vorschriften

b) Überwachen der Ausführung von Tragwerken nach § 50 Absatz 2 Nummer 1 und 2 auf Übereinstimmung mit den Standsicherheitsnachweis

c) Koordinieren der an der Objektüberwachung fachlich Beteiligten

d) Überwachung und Detailkorrektur von Fertigteilen

e) Aufstellen und Überwachen eines Zeitplanes (Balkendiagramm)

f) Führen eines Bautagebuches

g) Gemeinsames Aufmass mit den bauausführenden Unternehmen

h) Abnahme der Bauleistungen unter Mitwirkung anderer an der Planung und Objektüberwachung fachlich Beteiligter unter Feststellung von Mängeln

i) Rechnungsprüfung

j) Kostenfeststellung nach DIN 276 oder nach dem wohnungsrechtlichen Berechnungsrecht

k) Antrag auf behördliche Abnahmen und Teilnahme daran

l) Übergabe des Objekts einschließlich Zusammenstellung und Übergabe der erforderlichen Unterlagen, zum Beispiel Bedienungsanleitungen, Prüfprotokolle

m) Auflisten der Verjährungsfristen für Mängelansprüche

n) Überwachen der Beseitigung der bei der Abnahme der Bauleistungen festgestellten Mängel

o) Kostenkontrolle durch Überprüfen der Leistungsabrechnung der bauausführenden Unternehmen im Vergleich zu den Vertragspreisen und dem Kostenanschlag

Leistungsphase 9: Objektbetreuung und Dokumentation

a) Objektbegehung zur Mängelfeststellung vor Ablauf der Verjährungsfristen für Mängelansprüche gegenüber den bauausführenden Unternehmen

b) Überwachen der Beseitigung von Mängeln, die innerhalb der Verjährungsfristen für Mängelansprüche, längstens jedoch bis zum Ablauf von vier Jahren seit Abnahme der Bauleistungen auftreten

c) Mitwirken bei der Freigabe von Sicherheitsleistungen

d) Systematische Zusammenstellung der zeichnerischen Darstellungen und rechnerischen Ergebnisse des Objekts

8.4